図解 授業・学級経営に成功する1年生の基礎学力

無理なくできる12か月プラン

監修：学力の基礎をきたえどの子も伸ばす研究会
著：岡　篤

フォーラム・A

本書の構成と特長

構成◎１年間の見通しをもって

1．子どもの発達をふまえて、１年間を月ごとに分けています。
2．各月を読み・書き・計算・学級づくりの四つのテーマで分けています。
3．四つのテーマにとりくむ時期を月ごとに提案することで、
  - 基礎学力づくりに**１年間の見通し**をもってとりくむことができます。
  - **各月**の重点課題がわかり、**優先順位**を決めることができます。
4．右ページでは、イラストや使用する教材・プリント・資料などで**図解**しています。
  - 実践の順番やポイントが一目でわかります。
  - 教材・教具の作り方がわかります。
5．四つのテーマのほかにも、執筆者の「おすすめの実践」を載せています。
6．巻末には、コピーしてすぐ使えるプリントや読書カードなどを掲載しています。

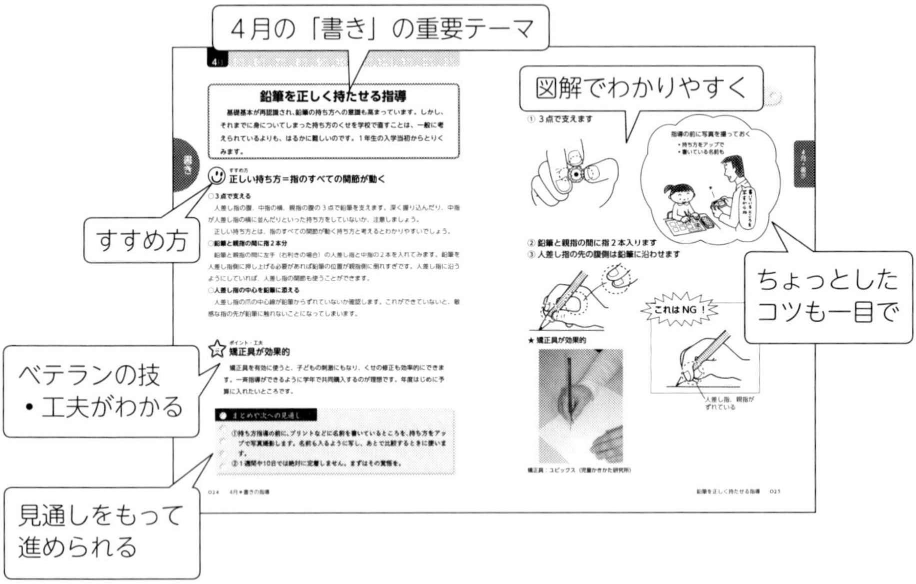

こんなときに◎ベテラン教師の技に学ぶ

1．時間が足らない、でも読み・書き・計算の力をしっかりつけたい。
★毎日の授業始めの５分や給食準備のすき間時間など、短い時間を積み重ねて基礎学力をつける効果的なやり方がわかります。

2．重要単元・重点教材を学習するときに役立つ情報がほしい。
★いつどんな準備をしたらよいか、授業全体を通して留意することは何かがわかります。

3．学力づくりを学級経営の柱にしたい。
★みんなで協力し合って学力をつけていくやり方がわかります。子どもたちは伸びが実感でき、温かいゆとりのある学級文化が育ちます。

巻末のプリント、テンプレートはすべてコピー・フリー

はじめに◎「学び」は子どもたち一人ひとりのものに

さまざまな教育課題にこたえる基礎学力

ある経済誌で、小学校教師への調査で2000人のうち61％が「今の子どもたちに身につけさせたい力や育成したいもの」として「基礎的、基本的学力」と答えた、という記事を見つけました。

学校教育の課題は多く、重点が大きく揺れることも少なくありません。「ゆとり教育」から「学力向上」に教育目標が転換されたり、「課題解決型学習」「英語教育」「道徳教育」と次々に研究テーマが提起されたりします。そうした変化や提起と、目の前の子どもたちの課題との間で教師たちが最も懸念しているのが「基礎学力」だと、この調査結果は示しています。

私たち「学力の基礎をきたえどの子も伸ばす研究会」は、「読み書き計算」の基礎学力をテーマに研究を重ねてきました。授業づくり、学級づくりも基礎学力の定着・伸長とセットに捉え、堅牢な基礎学力の上にこそ豊かな授業や学級の華が咲くと考えています。

時代とともに新しい授業技術・教育技術が開発されます。それが優れたものであるかの評価は、学びの主人公である子どもたちが成長することでしかできません。「教科書が読める」「文が書ける」「計算ができる」、これら当たり前のことを一人ひとりの子どもができて「課題解決型学習」や「協働学習」も成果があがります。

子どもを育て、学級を育て、授業をつくる基礎学力

基礎学力をつける実践は、教科内容とは一見離れているように思えるのでつい後回し、という声も聞かれます。しかし実は、教育課程にそった目標を達成させる近道でもあります。それは、

- 大がかりでなく、毎日の短時間の積み重ねでできます。
- 特別な教材教具の必要がなく、今からでもすぐにとりくめます。
- 成果が目に見えるので、子どもに自己肯定感が育ちます。
- みんなで賢くなる実践・とりくみなので、温かな学級文化が育ちます。

読み書き計算の基礎学力づくりは、それらの力とともに、子どもに根気強く、粘り強くやり続ける心性を育て、総合的・創造的に物事を考えていける力をつけます。これらは、将来にわたって子ども一人ひとりの揺るがぬ根となり、支え続けることでしょう。

本書をお使いいただき、ぜひ今日から基礎学力づくりにとりくんでみてください。あらたな発見がたくさんあるでしょう。

2015年２月　著者を代表して

学力の基礎をきたえどの子も伸ばす研究会　常任委員長

深沢　英雄

学力・学級づくり年間計画表（例）

	4月	5月	6月	7月
重点	**1学期** 発達差の大きい学年です。あせらず、あきらめず、半年先を見すえてとりくみます。			
読む力	音読 連れ読み ……………→ 音読カード（1年を通して） 読書（1年を通して） 読み聞かせ（1年を通して）	音読 交代読み …………… 暗唱	……………………………	……………→
書く力	正しい姿勢（1年を通して） 鉛筆の持ち方（1年を通して） ひらがな調査 字形指導（1年を通して） 作文 スピーチ 連絡帳	作文 観察カード ノート指導 視写指導を始める	鉛筆の持ち方再指導 「はらい」を正しく 「を」「は」「へ」 促音拗音 作文 選択して書く 聴写 ……………	作文 自分で書く ……………→
計算	ブロック操作 数に親しむ 10までの数	10までの数の合成・分解	計算カード フラッシュカード	
学級づくり	クラスのめあて 登校後の用意 持ちものの用意 あいさつの指導 発言の仕方指導 教科書の折り目 宿題の出し方 （以上 1年を通して）	そうじの指導		

9月	10月	11月	12月	1月	2月	3月
2学期 1学期からのとりくみも含めて、継続することで、驚くほど伸びます。				**3学期** 1年生の内容は決して軽視できません。総復習を徹底します。		
上手読み ……→ 読解とともに 間を教える 動作と声の工夫			交換読み			
漢字 ……→ 興味づけ、授業開始、小テスト 作文 絵作文 視写作品 ……→	かたかなの指導 ……→ 作文 日記 ……→			作文 黒板作文	漢字総復習	作文 1年をふり返る
定規で線を引く	3つの数 くり上がりのたし算	くり下がりのひき算			計算総復習	

もくじ

イラスト……町田里美

じっくり着実に力をつけたい　１年生

発達差は、６分の１

大人の間で誕生月が話題になるのは、星座くらいでしょうか。しかし、１年生には、切実なことです。４月生まれと３月生まれとでは１年近くの差があり、６歳の子にとっての１年は、これまでの人生（？）の６分の１、約17％にあたります。これだけの発達の差があるわけです。当然、経験の差も大きくなります。

逆に考えれば、１年の間にどんどん追いついてくるともいえます。私は、若い先生たちによく、「半年先を思い浮かべて」と言っています。保護者との関わりも含めて、あせらずあきらめず、着実に指導をする覚悟と方針が求められます。

「折り目をつける」学年

本文で教科書の折り目をつける指導をとりあげています。１年生は、学校生活の折り目をつける学年でもあります。授業中のきまりや給食時のふるまい、掃除の仕方など、きちんと指導ができていないと、２年生以降でもずるずるとそれを引きずることになります。

教科書の折り目を最初に正しくつけておかないとどうなるかを考えてください。途中で折れてしまった表紙はその後もそこで開くことになります。その開き方は、教科書のページが傷んだり、汚れたりしやすくなるはずです。何よりも、その教科書を毎日使う子が、雑然とした状態に慣れてしまうことになります。

もちろん、２年生以降で、折り目をつけなおすことも可能です。とはいえ、すでにくせになってしまったことを修正するには、１年生のときの何倍もの時間と手間がかかります。

可能な限り、正しく、後々にも生きてくるような折り目をつけておきたいものです。

２年生以降の基礎となる学習内容

１年生の学習内容は、難しくありません。少しくらい身についていないことがあっても、２年生以降の学習の中で自然に定着しているものもあります。

しかし、ひらがな、たし算・ひき算など学習のベースになり続ける内容でもあります。私は、勤務した学校で、毎年漢字力調査を行ってきました。その中で得た知見として、１年漢字が９割以上取れない子は、２年生以降で漢字がとても苦手になる可能性が高いというものがあります。基礎になる内容だからこそ、影響も大きいのです。

難しくない内容だからこそ、じっくりと、着実に定着させましょう。

声をそろえる心地よさを

音読は、あらゆる学習の基本になる学習です。とくに１年生にとっては、ひらがなを読めるようになることが日本語の習得の第１目標です。音読を国語の授業のベースに位置づけて継続的にとりくみましょう。一斉読みは、その第一歩です。

すすめ方

４月から音読の基本のキホンを押える

○声が出しやすく集中しやすい姿勢を指導する

両足の裏を床につけ、背筋を伸ばします。これが声が出やすく、集中しやすい姿勢です。教科書は、机の上に立てて両手で持ちます。

ただし、姿勢も持ち方もあくまで基本です。立って読むときは、ページをめくりやすいように片手で持つ、指で字をなぞりながら読むときは、机に広げる…など、時と場合によって変えます。

○声がそろう心地よさを味わわせる

音読が得意で、勝手にどんどん進んだり、わざとずらしたりする子がいるかもしれません。「今はそろえられる子が上手だね」「他の子の声も聞いてるから、よくそろってるね」と、できていることをほめましょう。

○教室調に気をつける

ある程度読めるようになったら、ゆっくりすぎたり、変な抑揚がついたりする「教室調」にならないよう気をつけます。

ポイント・工夫

苦手な子は必ずいる

元気な声でそろっていると、気持ちのよいものです。しかし、常に一斉読みだけでは、一人ひとりの状態がわかりません。一人ずつ読むときと全体で読むとき、複数で読むときの三つの場面をつくります。

まとめや次への見通し

①みんなで声をそろえて読む一斉読みは、いろいろな教科、場面で使えます。算数などでもできるだけ声を出すようにすると、それだけで集中し、理解が深まります。

音読の基本姿勢の3ポイント

① 教科書は立てて両手で持つ
② 足の裏はつける
③ 背すじを伸ばす

① 声がそろうと気持ちがいい

② 教室調にご注意！

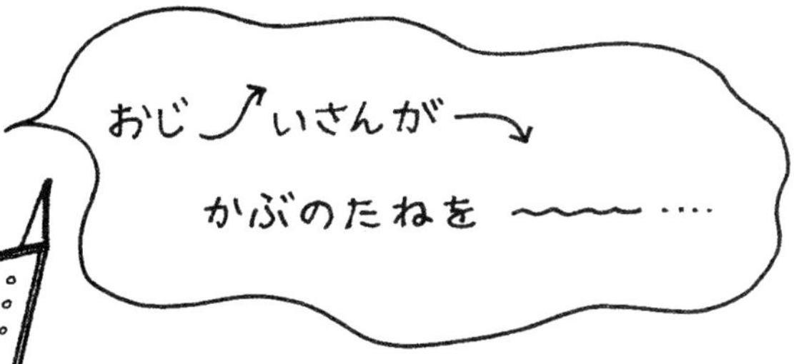

変に力が入って、イントネーションが不必要に上がったり下がったり…、語尾を伸ばしたりしていませんか。

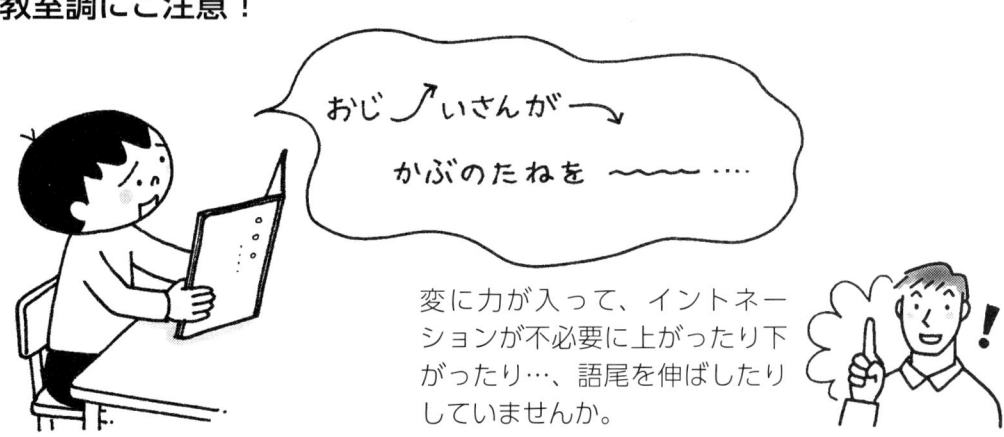

連れ読みで音読力をあげる

一斉読みは、みんなでそろって読む、いわば合唱のようなものです。中には、得意な子、苦手な子、まちがえている子、くせのある子がいます。一人ひとりが上達していく練習の場も必要です。連れ読みは、最も初歩的な練習方法です。

すすめ方

一人ひとりの上達をめざす

○短く切る◎苦手な子も安心できるペース

読点（、）ごとに切ると短すぎるようですが、はじめはこれでちょうどよいでしょう。4月では、ひらがながすらすら読めない子や読むことに自信のない子がいます。そういう子も安心して練習できるペースで、しかし着実に読む力をつけていきます。

○リズムをつくる

間が空きすぎるとだらけてきたり、タイミングがばらばらで集中しなくなったりします。やはり、リズムは大切です。最初は、教師が読んだ後、「さん、はいっ」と声をかけてそろえさせます。慣れてくると、何もいわなくてもタイミングがわかってきてそろうようになります。

○変化をつける

列ごとに読ませたり、男女別にしたりと、ちょっとした変化をつけると飽きがきにくくなります。

ポイント・工夫

つぎは句点で切る

切る長さは、子どもの状態、練習の進み具合で決めます。最初は、句読点ごとですが、練習をくり返せば、句点ごとでも、できるようになります。その切り替えの時期は、子どもの様子をよく見て判断します。

まとめや次への見通し

①目安としては、1学期は、句読点で切る連れ読み中心でよいでしょう。

連れ読みは音読練習の第一歩

① 句読点ごとに切る

教）おじいさんが、
子）おじいさんが、
教）かぶのたねをまきました。
子）かぶのたねをまきました。

② リズムを意識

「さんはい」と平板に言うより、

「さん、はい」とあげる方が子どもの声に勢いが出やすい。

③ 変化をつける

列ごとにします。

教）どっこいしょ
子）どっこいしょ
教）どっこいしょ
子）どっこいしょ

じょうずです。今度は男の子と
女の子と別れて読みます。

指なぞりで集中、音読上達をめざす

読んでいる部分を指でなぞるのは、音読が苦手な子にはとくに有効です。またすらすら読んでいるようでも不正確な子には、きちんと読む練習になります。変化をつけてゲーム感覚ですることで、子どもが喜んでとりくむだけでなく、より集中力が生まれます。

すすめ方

全員で教科書をなぞりながら読む

○読み始める部分を指で押さえる

ページを指示したら、最初の一文字を読み、指で押さえさせます。全員が同じ部分を押さえていることを確認したら、読み始めます。

○指の動きを確認する

最初はゆっくり教科書の文を読んでいき、子どもたちが読んだ部分を指で追っていることを確かめます。実際に指で押さえている文字はわからなくても、指の動きでずれている子を見つけることができます。ずれている子を発見したら、その場で止めて読み直したり、切りのよい部分で止めて、戻って読み直します。ずれを発見したら、早めに手をうつことが肝心です。

○変化をつけて楽しんで集中力をつける

慣れてきたら、わざと言葉の途中で止めたり、急に速く読んだりして変化をつけます。ぐんと集中力が増します。

ポイント・工夫

指なぞりで、音読の苦手解消と集中力向上

音読が苦手になる要因の一つは、読んでいる部分が目で追えなくなることです。指なぞりでそれを解消することができます。そういう子は他の授業でも集中しにくい場合が多いはずです。指なぞりは、他の学習や教科でも応用できる動作です。

まとめや次への見通し

①読んでいる部分がわからず、指なぞりでオロオロしている子がいる場合は、ぜひとりくみたい学習です。

②全員がスムーズにできるようなら、ときどき遊び感覚でやる程度で十分です。

教科書指なぞり上達法

読んでいる部分を
指で押さえていく

効果

① より正確に音読できるようになる
② 音読の苦手な子どもも音読できるようになる
③ 集中力がアップする

進め方

① 読み始める部分を指で押さえる

② 教師の読みに合わせて指を動かす

③ 変化をつける

音読カードをより効果的に使う

音読は、国語だけでなく、すべての学習の基礎でもあります。授業中、十分に練習時間を確保したいところですが、それだけでは足りません。毎日の宿題にぜひとりいれたいものです。音読カードは、継続のための貴重な教具です。

すすめ方

家庭の協力を呼びかけよう

○音読カードの書き方を教える

１年生にとっては、すべてが初めてのことです。教師から見たら簡単な音読カードでも、見当違いのことを記入したり、見当違いの練習をしてきたりする場合があります。

月日なども含め、最初は授業中に指導します。宿題の範囲も、全員で読んだ上で、「今日の宿題は、今読んだところをもう１回、おうちでも読んできます」と説明します。

○音読の宿題

音読の宿題は、誰かに聞いてもらえるのか、そうでないのかで意欲がちがってきます。できれば、おうちの方に協力してもらいましょう。「上手に読めたわね」「昨日より、すらすら読めてるわ」と声かけをしてもらえれば理想的です。学級懇談や通信などで「家事をしながらでもかまいませんので」とお願いしておきましょう。

ポイント・工夫

授業中に聞き合う場面を

音読練習の意欲を維持するためのもう一つのポイントは、授業と連動していることです。せっかく練習しても、授業中にそれを発揮する場がなければ、意欲はなかなか維持できません。二人組などで誰かに聞いてもらう場を意図的につくります。

まとめや次への見通し

①１年間通して音読カードを使って音読の宿題を出します。カードは一人ずつ綴じておけば、３学期には、読んできた量に達成感を味わうことができます。
②原則として、毎日音読を宿題にすれば、音読の宿題忘れは減ります。

音読カードのスタート こんなところに気をつけたい

① 記入のしかたを教える

では、月日のところを書いてみましょう
おんどくカード

- しばらく教室で書く
- 日付、題名など全体で書けるところ

② 家庭での協力をお願いする

・学級懇談会で
よろしくお願いします
授業で音読カードを使って音読練習をします。
家庭でも練習させますので、お子さんの音読を聞いてあげてください。
カードに評価を記入して、サインもお願いします。
・学級通信で

③ できるだけ、だれかに聞いてもらう

家事をするお母さんに
お兄さんやお姉さんに

上手になったわね！

④ 教室でカードのことを話題に

今日はカードに◎の人がたくさんいました。聞かせてもらいましょう
ぼくのことだ！

読書の習慣をつける指導

読書の習慣が身につくことは、楽しみが増えるだけでなく、学力を支えることにもつながります。学級経営の視点からも、クラス全体が静かに過ごす時間をつくることは、とても意義があります。

すすめ方

静かに本が読めるようにする

○静かに本を読む練習をする

はじめのうちは、すぐに隣の子に声をかけたり、立ち歩いたりする子がいるはずです。まずは、静かにすわって本に向かうことを指導します。

「静かにすわる練習です。５分間できるかな」とタイマーをセットするなどして、少しずつ時間を長くしていきます。

○本の選び方を指導する

「もう読んだ」と次々に本を換える子がいます。そういう子は、次の本を決めるのには時間がかかり、うろうろとしがちです。

一定時間本を換えずに読める本を選ぶこと、もし読み終えたらくり返して読むことなどを指導し、教室全体がしんとした状態になることをめざします。

ポイント・工夫

本はいつも身近に

学校に朝の読書のような時間があれば、ぜひそれを活用して、その時間が有意義に過ごせるように、指導をしていきます。

読書の時間が始まるまでに本を決めておく、時間が終わったら本棚まで返さず、次の読書の時間に読むことができるよう机の中に入れる…などを決めておきます。

まとめや次への見通し

① 読書の時間は意識していないと、１年を通してもなかなか確保できません。すき間時間はつねに読書の時間ととらえて、できるだけ読書の時間を確保します。

◎何分　静かにすわれるかな？

☆1分でも2分でも、できたことは認めてほめる
☆姿勢も注意。正しい姿勢は集中力が続く

◎本の選び方を指導する

☆次々と本を換える子は、結局読んでいる時間が短い
☆すぐに読み終えたという子は、指導しないと、本の交換をくり返す
☆本を探すために立ち歩く子が出てくると教室がざわつく

読み聞かせは1年を通して

読み聞かせは、ほとんどの子が楽しんで集中することができるとりくみです。また、作品自体に魅力があるので、他の授業のように教材研究をしなくても、子どもを引きつけることができます。継続的にとりいれましょう。

すすめ方

1日3分でも、子どもは楽しみに

○聞くときの約束をする

自分が知っているお話だと先のことを言ってしまう、筆箱を落として大きな音を立てる、などは読む側も聞いている側もがっかりです。机の上には何も出さない、声も音も立てないようにする、といったことを約束し、はじめの数回はくり返し言っておきます。

○集中しやすいように気を配る

絵は両脇の見にくい位置の子にきちんと見せるようにする、難しい言葉が出てきたら合間にほんの一言でよいので説明を加える、イメージしやすいようにゆっくり読むといったことに気をつけるだけで、子どもの理解や集中はかなりちがってきます。

○読んだ本をまとめて並べておく

教師が読み聞かせした本を読みたい子もいるはずです。コーナーにまとめておけば、気になったときに自分で探すことができます。

ポイント・工夫

下読みの準備ができればなおGOOD！

プロの朗読は本当に魅力があります。しかし、担任のふつうの読み方でも、十分に価値があります。あまり読み方にこだわらずに、教師も読み聞かせの時間を楽しみたいものです。できれば簡単にでも下読みはしておきましょう。

まとめや次への見通し

①クリスマスや夏休みといった季節感のある本はあらかじめ読む時期を決めておくとよいでしょう。
②読んだ本はまとめておくと1年間に読み聞かせた本が一目瞭然！

◎ 読み聞かせのときの約束

知っている人!?　すごいね～。でも先を言わないでね。
おしゃべりや音がないほうが、先生は上手に読めます。
机の上を片づけてね。鉛筆も、消しゴムもお休みです

◎ 上手に聞こえるポイント

- 絵が全員に見えるように
- イメージできるように、ゆっくりと、間をとって

◎ 読み聞かせから読書へ

- 読んだ本はまとめておきます
- 同じ作者やテーマの本を続けてとりあげるのも、子どもの興味を引きます

岡学級のベストテン

『ぶどう畑のアオさん』
馬場のぼる・こぐま社
『三びきのくまときんぱつちゃん』
ジョナサンラングレー・岩崎書店
『ひとまねこざるときいろいぼうし』
HAレイ・岩波書店
『しりとりのだいすきなおうさま』
中村翔子・鈴木出版
『まりーちゃんとひつじ』
フランソワーズ・岩波書店
『ありこのおつかい』
いしいももこ・福音館書店
『たんじょうびのふしぎなてがみ』
エリックカール・偕成社
『またおいで』
もりやまみやこ・あかね書房
『まゆとおに』
富安陽子・福音館書店
『うまれたよ！カブトムシ』
小杉みのり・岩崎書店

正しい姿勢を１年生のうちに

正しい姿勢を習慣化するのは簡単なことではありません。でも本当は、正しい姿勢こそ、慣れれば集中しやすく、楽な姿勢なのです。ぜひ、１年生のうちに、正しい姿勢を身につけさせましょう。

すすめ方

４月入学直後からとりくむ

○足の裏を床につける

ほとんどの子は、足を投げ出すように前に出していたり、椅子の下に入れたりして、足の裏が床についていません。両足の裏を床につけさせるとそれだけでも、かなり姿勢はよくなり、安定します。

○腰骨を立てる

猫背気味になっている子もかなり多いでしょう。頭を真上から引っ張られるように背筋を伸ばします。へその裏側辺りの背骨はそれでも少し曲がっているかもしれません。そこをそっと手で押さえてやるとさらに正しい姿勢になります。

○両肩を真上から押さえる

背骨がまっすぐに伸びていれば、両肩を手のひらで真上から押されてもがっしりと体を支えられます。「気持ちいい」「もっとやって！」と言う子もいるはずです。正しい姿勢は、本当は気持ちよいものです。

ポイント・工夫

正しい姿勢の心地よさを感じさせる

正しい姿勢ができたら、全員で静かに目をつむってみます。教室中が静まりかえって、運動場の声や上の階の教室の音が聞こえてきます。正しい姿勢の心地よさも感じるはずです。

まとめや次への見通し

①姿勢は簡単に変わるものではありません。半年かかると覚悟しましょう。
②正しい姿勢が身につくまでは毎日短時間でも、姿勢を正す時間をとりたいものです。

正しい姿勢の3ポイント

① 足の裏はどこにありますか？

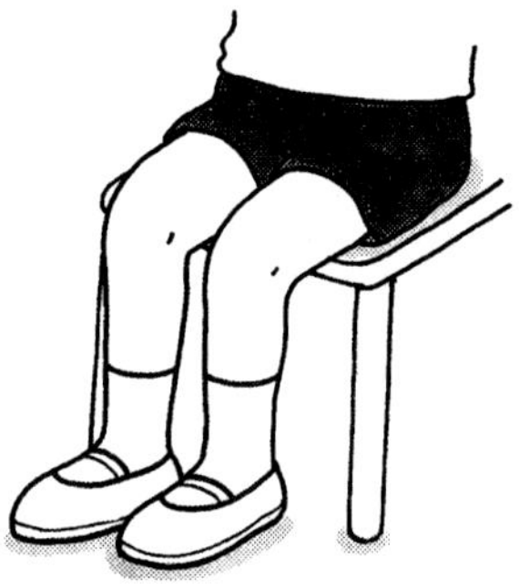

足の裏全体を床につける

これはNG！

いすの下に×

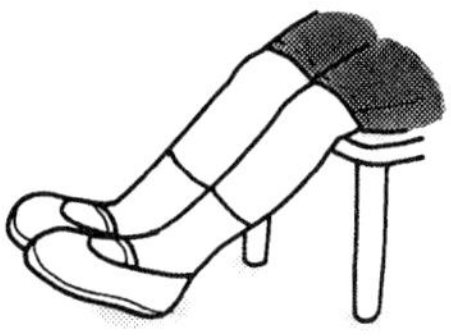

前に投げ出す×

② 腰骨はどうなっていますか？

少し猫背気味になっている子が多い

へそのあたりを前に突き出す感じで背筋を伸ばす

③ 先生が、みんなの両肩を押しますよ

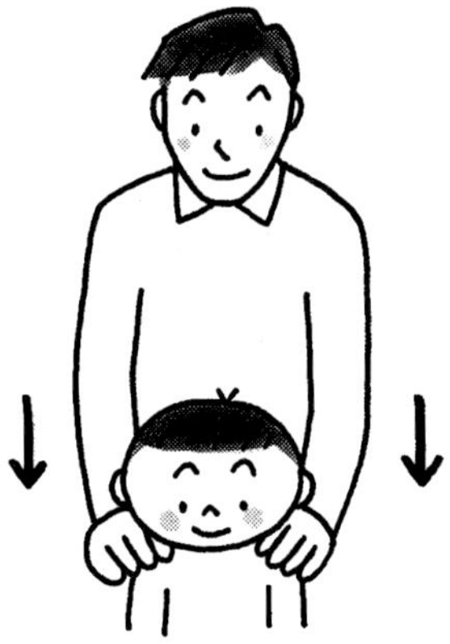

- 押されると、猫背気味なら、前に倒れる
- 傾いていると、傾いている方向に崩れる
- 背筋が伸びていたら、グッと押す力が入ってもしっかり支えられる

鉛筆を正しく持たせる指導

基礎基本が再認識され、鉛筆の持ち方への意識も高まっています。しかし、それまでに身についてしまった持ち方のくせを学校で直すことは、一般に考えられているよりも、はるかに難しいのです。１年生の入学当初からとりくみます。

正しい持ち方＝指のすべての関節が動く《すすめ方》

○３点で支える

人差し指の腹、中指の横、親指の腹の３点で鉛筆を支えます。深く握り込んだり、中指が人差し指の横に並んだりといった持ち方をしていないか、注意しましょう。

正しい持ち方とは、指のすべての関節が動く持ち方と考えるとわかりやすいでしょう。

○鉛筆と親指の間に指２本分

鉛筆と親指の間に左手（右利きの場合）の人差し指と中指の２本を入れてみます。鉛筆を人差し指側に押し上げる必要があれば鉛筆の位置が親指側に倒れすぎです。人差し指に沿うようにしていれば、人差し指の関節も使うことができます。

○人差し指の中心を鉛筆に添える

人差し指の爪の中心線が鉛筆からずれていないか確認します。これができていないと、敏感な指の先が鉛筆に触れないことになってしまいます。

矯正具が効果的《ポイント・工夫》

矯正具を有効に使うと、子どもの刺激にもなり、くせの修正も効率的にできます。一斉指導ができるように学年で共同購入するのが理想です。年度はじめに予算に入れたいところです。

まとめや次への見通し

①持ち方指導の前に、プリントなどに名前を書いているところを、持ち方をアップで写真撮影します。名前も入るように写し、あとで比較するときに使います。

②１週間や10日では絶対に定着しません。まずはその覚悟を。

鉛筆の正しい持ち方　3つのチェックポイント

① 3点で支えます

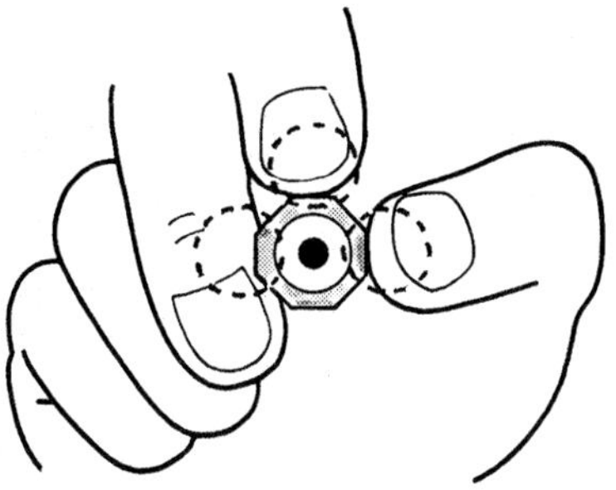

指導の前に写真を撮っておく
• 持ち方をアップで
• 書いている名前も
書いているところを写すからね

② 鉛筆と親指の間に指２本入ります
③ 人差し指の先の腹側は鉛筆に沿わせます

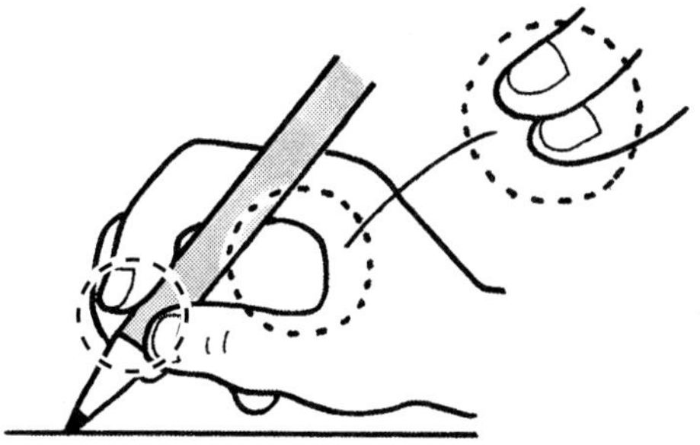

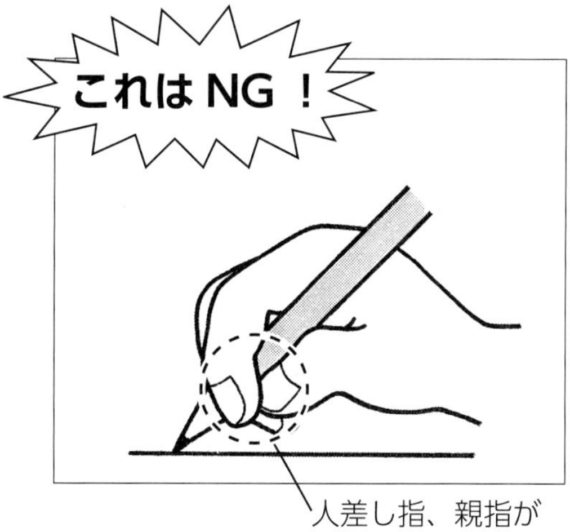
これはNG！

人差し指、親指がずれている

★ 矯正具が効果的

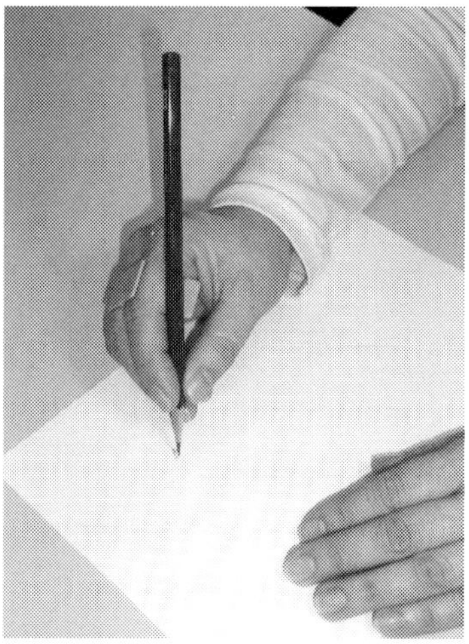

矯正具：ユビックス（児童かきかた研究所）

鉛筆を動かしても正しく持てる

鉛筆を正しく持つことと、その持ち方を崩さずに動かすことができるということとは別です。じっと持っているときは正しい持ち方をしていても、書き出したとたんにもとのくせが出たり、ポイントがずれたりすることが珍しくありません。

すすめ方

1日1回“素振り”を

○素振り

鉛筆の持ち方を、実際に線や字を書くときに注意するだけでは、なかなか定着しません。野球の素振りと同じように、空中で正しい持ち方のまま鉛筆を動かす練習もとりいれましょう。

○親指の関節が曲がっているかチェック

鉛筆を動かす練習をするときのポイントは、親指の関節が動いているかどうかです。これは、実際に鉛筆を動かさずに手の形だけを指導していたのではわかりません。

○システム化

１日のどこかに、「素振り」をする時間をクラスのきまりとして設定すると、継続しやすくなります。こくごちょうを書く前やひらがな練習の前などに、日直が「鉛筆を正しく持って動かしましょう」などと声をかけるとよいでしょう。

ポイント・工夫

人差し指の先が鉛筆からずれる

よくあるのは、人差し指の先が鉛筆からずれることです。人差し指の先で机に字を書くイメージを持たせればよいでしょう。「ＯＫ」をするときのように人差し指と親指の先をつけて、離さずに前後させる動き（右図）も練習になります。

まとめや次への見通し

①鉛筆の持ち方の練習は、動かし方まで指導できて初めて有効になります。
②１日１回「素振り」の時間を設けるのは、少なくとも７月までは続けましょう。

鉛筆の素振りで正しい持ち方の定着を

- 正しい持ち方をして、空中で大きく上下に鉛筆を動かす
- 毎日短時間でも続ける

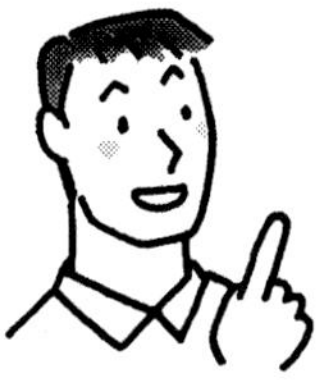

親指の関節をチェック

動かすと持ち方が崩れてしまう場合

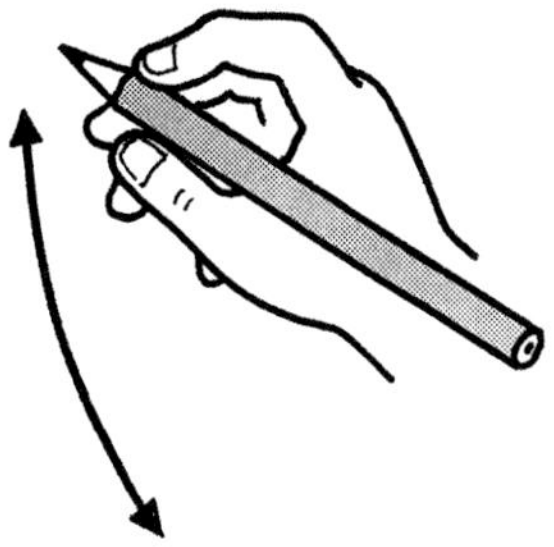

よくある原因　親指の関節が伸びたままになっている

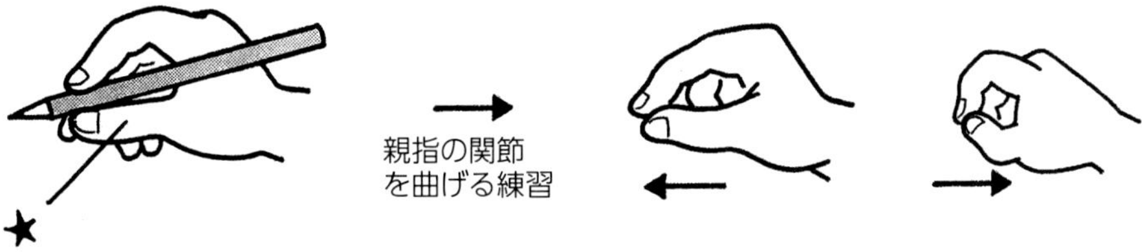
親指の関節
を曲げる練習

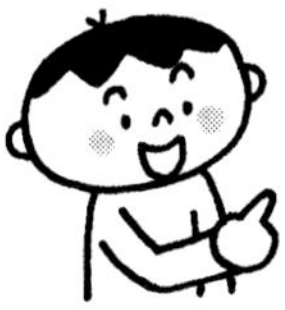

日直のしごとに

ひらがな練習の前などに、日直の号令で「素振り」をする時間をとる

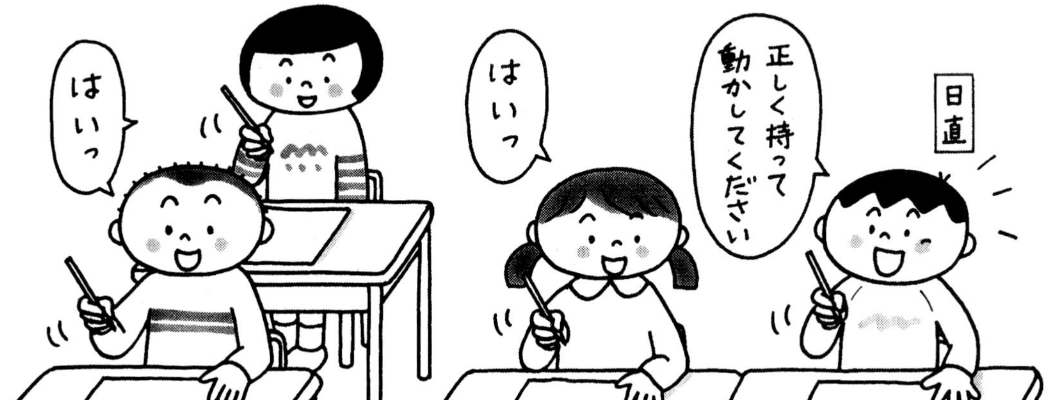
はいっ
はいっ
正しく持って動かしてください
日直

☆ノートを書くときやひらがな練習の前に

ひらがな調査

ひらがなは、小学校に入ってから習うことが建前となっています。その一方で、「ほとんどの子」が、読み書きができて入学してくるという印象があります。実際にはどうでしょうか？　客観的にデータをとったうえでの判断が大切です。

一人ひとり面談形式で調査する《すすめ方》

○50音表を使って１文字ずつ

50音表を使って、１文字ずつ読み書きを確認していきます。正解とそうでないものとのチェックの色を変えたり、まちがえた文字の脇にその子の出席番号を書くなどして効率的に進めていきます。

○一人ずつ確認する

いわゆるテストの形式は使いません。一人ずつの確認となります。時間がかかって面倒なようですが、この確認の過程で子ども理解もできます。子どもの受け答えの様子も観察しておきましょう。

○始業前、休み時間などを使う

一人ずつ進めるとなれば、授業中にできるとはかぎりません。始業前、休み時間に一人、二人とやっていくのが結局早くなります。

苦手な子を把握し、授業で配慮を《ポイント・工夫》

あくまで、テストではなく子ども理解の一つです。苦手な子がわかれば、授業中も少し意識して様子を見るということができます。１文字や２文字のまちがいはたいした影響はありませんが、半分くらいの正答率となると必ず配慮が必要です。

まとめや次への見通し

①ひらがなの指導が終わった６月頃に、もう一度調査をしてみましょう。

ひらがな調査は一人ずつする

① 50音表を使います

☆時間はかかるが、一人ずつ確認する

② 始業前や休み時間も使う

☆半分程度しか答えられない子には、授業中配慮が必要

ひらがな指導1◎順序

ひらがなの指導順にはいろいろな考え方があります。50音順、字形のやさしい順、そして字形の分類もさまざまです。ここでは、字形と連絡帳などでの使用頻度に合わせて決めた指導順を紹介します。

すすめ方

連絡帳の使用頻度で１番の「て」から

○「て」を最初に指導する

字形からすると、「し」からですが、連絡帳での使用を重視し、まず「て」から指導します。手紙の枚数を書くための記号として使います。

○「し」「つ」「く」「へ」

以降は、１画の字からとりあげます。１年生にとっては、１画だからといって、きれいに書くことは簡単ではありません。後述（32～35ページ）のように、字形のポイントを明確にし、そこを強調し、指導していく必要があります。

○字形が似ているものは一緒に

「ろ」と「る」、「は」と「ほ」など、字形が似ているものは、一度に指導した方が効率的です。

ポイント・工夫

１日２字ずつを原則に進める

１日に１字ずつていねいに指導したこともありますが、その分、すべてのひらがなを習い終わるのが遅くなります。さらに、子どもの発達段階を考えると、この時期に時間をかけたからといって、字が上手になるとはかぎりません。

まとめや次への見通し

①このペースなら５月中には、一通りの指導を終えることができます。もちろん、きちんと書いたり、使いこなしたりするのはまだまだこれからです。

1日2文字ずつ進めよう

① 使う頻度の高いひらがなを先に指導する

私の場合は連絡帳で「て」をよく使います。

「4月12日　おうちへの手紙は1まいです」

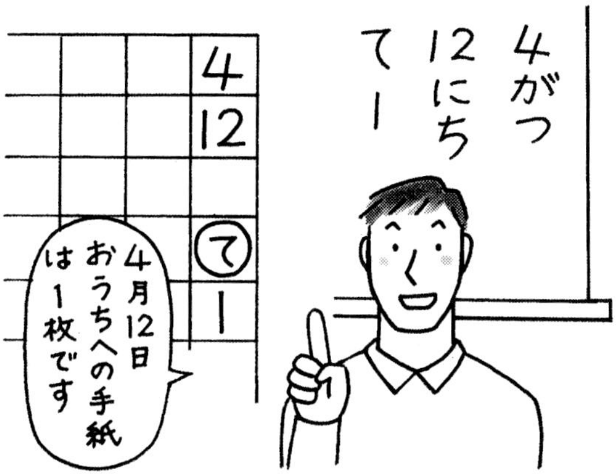

② 一画のものから指導する

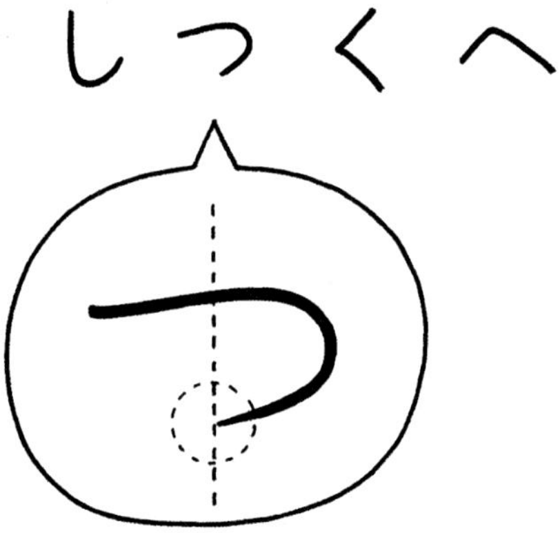

③ 似ている字は一緒に指導する

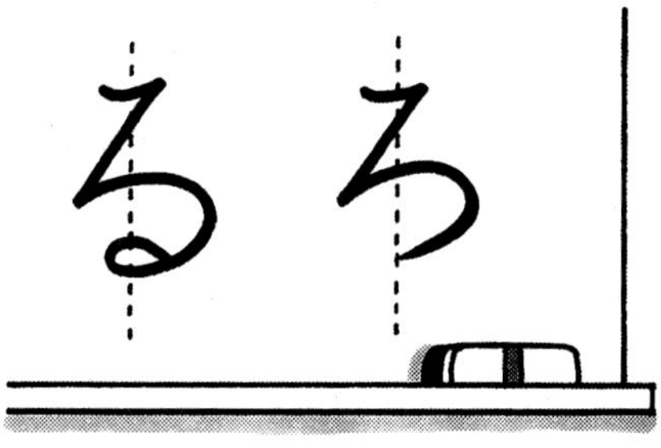

ひらがな指導2◎授業事例

ひらがな指導はさまざまな優れた実践がありますが、ここでは、字形のポイントを明確に示し、わざとそれができていない字を提示する授業の展開を紹介します。それにより、字形のポイントが子どもの印象に強く残りやすくなります。

すすめ方 子どもと字形のまちがい探し

○正しい字形のポイントを示す

「し」ならば、以下のようになります。

- 始筆からまっすぐに降りる。
- 底は「おたまのように」丸くする。
- はらいは、斜め右上へ。

○ポイントができていない字を3つ書く（右図）

黒板に、上のポイントができていない字を三つ書きます。

○子どもにまちがいを指摘させる

子どもが、「始筆から丸くなっています」などとまちがいを発表し、他の子と確認します。

○「し」のつく言葉を集める

子どもたちにどんどん言葉を出させます。出た言葉を黒板に書いた後、ひらがな練習帳やプリントなどで書く練習をします。このとき①のポイントを意識するよう「まっすぐ」「おたまのように」など、教師が声をかけます。

ポイント・工夫 印象深い表現を使おう（次項参照）

子どもの字がうまくなるためには、このポイントが頭に残る必要があります。そのためには、くり返しポイントを確認することと、「なかに、たまご！（ひ）」などと印象に残るような表現をすることです。

まとめや次への見通し

①ほとんどの子どもの指や手が十分に動いて、字を書くことに対応するようになるのは、実は1年生の後半からです。そこまで、このポイントをくり返し指摘し、記憶にとどめておく必要があります。（134ページ資料参照）。

「し」の指導例

① ポイントを子どもたちに示す

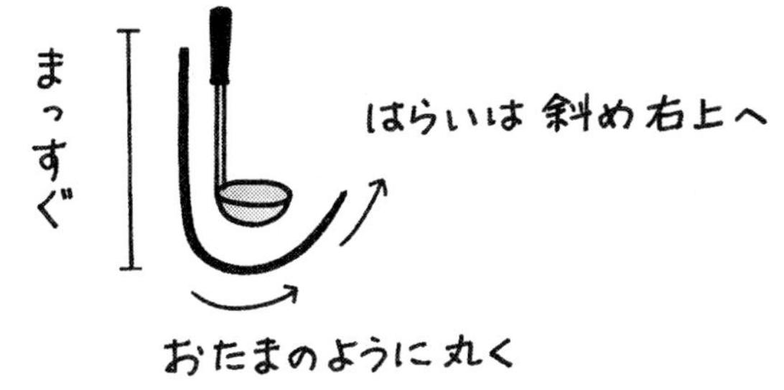

② ポイントができていない字を黒板に書いて、子どもといっしょにまちがい探しをする

③ 言葉集めをみんなでする

ひらがな指導3◎字形指導のコツ

ひらがなの字形を指導するときは、できるだけわかりやすい表現をすることが大切です。たとえば、「まんなかから」という明確な基準を与える、または、「おむすび型に」とイメージを伝えるといったことになります。

すすめ方

美しく書ける魔法の言葉

○「まんなか」を意識させる

「つ」のはらいは、「まんなか」で終わるようにいいます。１年生は、言われたことがわかるまでに時間がかかり、できるようになるまでにくり返しが必要です。したがって何度も言い続けます。

他に、「り」「ろ」「う」のはらいなども「まんなか」と統一しておくとわかりやすいでしょう。

○線を分解して教える

「し」という文字でも、

- 始筆からは「まっすぐに下りる」
- 底は「おたまのように丸く」
- はらいは、「右斜め上へ」

と三つに分解して教えます。すると、子どもができていなかったときにも、「ほら、まっすぐになってないよ」「はらいはどっち向きだった？」と指摘しやすくなります。

ポイント・工夫

子どもがすぐピン！とくる言葉で表現

私の場合、できるだけ「まんなか」を使います。それは、子どもにわかりやすいからです。書体によっては、微妙な違いがありますが、私は「子どもにわかりやすい」を基準に考えます。

● まとめや次への見通し

①字形を整えるポイントは、できるだけ簡単でわかりやすいものをくり返し使うのが効果的です。

字形指導のコツは「まんなか」を意識させる

① まんなかで始まる

② まんなかを通る

③ まんなかで終わる

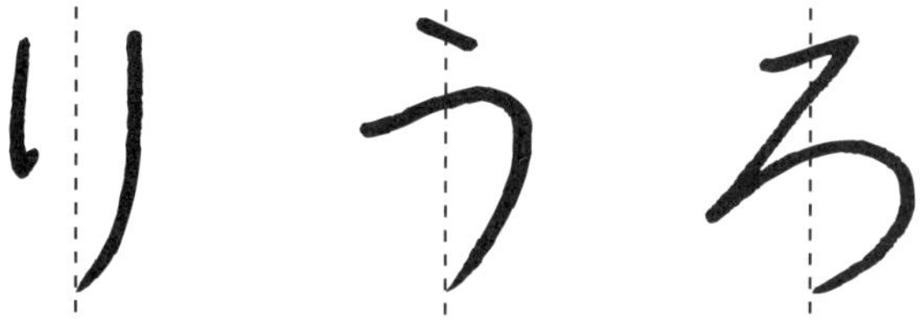

字体による多少のちがいはあるが、「まんなか」を使いやすいような字体で教える

これも正しい。しかし、まんなかを使い表わす

口頭作文としてのスピーチ

朝の会や終わりの会でのスピーチはよくとりくまれています。このスピーチを作文指導の一環として位置づけることで、１年生もスムーズに作文に入ることができるようになります。また、スピーチのレベルアップの道筋も明確になります。

すすめ方

終わりの会で

○今日の出来事を素材にする

１年生のスピーチの素材としては、昨日と今日のこととではぜんぜん違います。慣れるまでは、担任も友だちもわかりやすい「きょうのできごと」や「きょう、いちばんたのしかったこと」をとりあげましょう。

最初は、無理をせず、「すべりだいをしたのがたのしかったです。」という程度の一文でよいとします。それでも言えない子は、「今日、おにごっこをしたよね。ながなわもしたけど、どっちがたのしかった？」と選ばせる方法もあります。とにかく、始めのうちはゆっくりていねいにとりくみ、苦手意識を持たせないようにすることです。

○段階を追ってくわしい内容を求める

次の段階は、「少しくわしく」です。「なわとびをしました。５かいとべたのでうれしかったです。」と、「何をしたか」に続けて「した内容」に少し説明を加えるようにします。

ポイント・工夫

作文指導と位置づける

作文指導の一環ですので、まずは作文が書けるようになるまで続けます。もちろん、学級経営上の課題で、時期を延長して話すことを求めたり、テーマを決めて話したりということも考えられます。

まとめや次への見通し

①４月一文、５月二文、６月三文と、ゆったりしたペースで計画します。

②作文はすべてファイルに綴じておき、３月に作文技術の向上や書いた量に、自分の成長を感じさせます。（くわしくは132ページ）

作文を書くまでの助走

①「きょうのこと」を書く

「きのうのこと」だと、うまく話せない子どもも…

きのう…

四がつ十三にち
おわりのかい
きょう
たのしかったこと
きょうの ひるやすみに うんどうじょうで…

② 最初は一文で OK

一文から二文、三文へゆっくりと進める

すべりだいが たのしかったです
すべりだいを しました なんかいも すべり ました

すべりだいを しました ○○ちゃんと いっしょに なんかいも すべりました あしたも したいです
そう よかったね!

連絡帳を使って視写指導

視写自体がとても有意義な学習ですが、それをスピーチと同様に作文指導の初歩として位置づけます。毎日書く連絡帳を活用することで、無理なく継続ができ、保護者にも成長が伝わります。

すすめ方

1年生は朝の授業始めに書く

○連絡帳を毎日の中に位置づける

帰る前に書くのが連絡事項が確定するという点では変更が少なくなります。しかし、1年生は、すべてに時間がかかります。あわただしい帰り際ではなく、落ちついた朝一番に書くことがおすすめです。

毎朝、登校して用意ができたら、連絡帳を開いて自分の机の上に置くことにすれば、担任は机間巡視するだけで、保護者からの連絡があるかどうかも確認できます。

○日付と手紙の数から

日付と保護者への手紙の数を書くのがもっとも初歩的な内容です。まだ字形や大きさなどは細かく求めることはできませんが、どの場所に日付を書いて、手紙の枚数はどの位置に書くのかといったことは、くり返し指導することで1年生の4月でも定着します。

このことは、視写の基礎としても意義があります。

ポイント・工夫

連絡帳指導の多様性をいかそう

1年生にとっては、下敷きを使うことやページをとばさずにノートを使うことなど、すべてが課題です。連絡帳を通して、学習規律、視写、文字などの指導をしているという意識を、教師がもつことによって、効果が高まります。

● まとめや次への見通し

①文字指導も、最初のうちは、連絡帳で使うひらがなを優先的に練習します。（30ページ参照）

連絡帳指導のルール

- 連絡帳を視写として位置づける
- 書く時間を確保する
- 評価をして、子どもの意欲を高める

ポイント１！　１時間目の前に書く

ポイント２！　書くことが少ないうちにルールを習慣づける

ポイント３！　書く内容は日付と手紙の枚数から

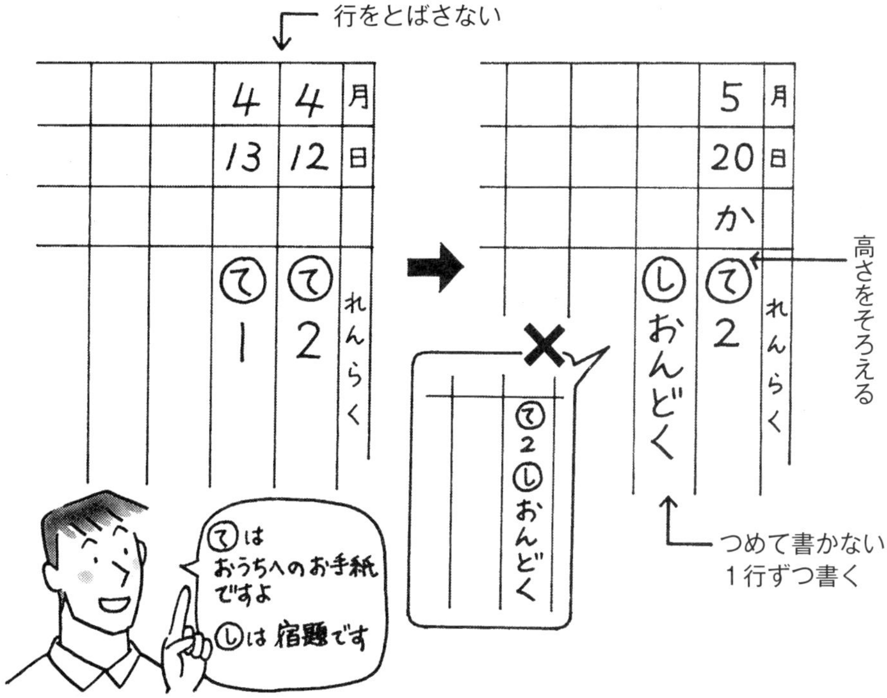

ブロック操作の指導

四角い形のブロックは、10の固まりが一目でわかり、きれいに並べやすい、とても便利な教具です。この使い方をていねいに指導しておくと、くり上がり、くり下がりの計算でもスムーズに理解できるようになります。

すすめ方

ブロックをきれいに並べる

○きちんと並べる

まずは、一つ一つぴったりとつけて並べる練習をします。すき間があったり、向きが曲がっていても平気では、せっかくのブロックの良さの、量が見た目でさっとわかるという点をいかせません。「3」といえば、さっと3個が並べられるといった練習をくり返します。

○5の固まりを強調する

今後につながるポイントとしては、5の固まりを意識させることです。たとえば、6個並べましょうといった場合、指導しなければ横一列に並べる子と、6個目を2段目にする子、1段目も2段目も3個にする子というように分かれるでしょう。

ここは、自由にさせずに、5個までは一列に並べる、6個目から10個目までは2段目に並べると決めます。

ポイント・工夫

5の固まりを強調する

5の固まりの良さを実感させることがポイントです。6個を横一列に並べた場合と、1段目を5個、2段目を1個にした場合ではどちらがわかりやすいかを確認します。慣れれば、絶対に後者です。7個、8個と増えるほど明白です。

まとめや次への見通し

①5の固まりは、たし算やひき算の単元に入るととても効果的に使われることになります。

②ブロック操作を正しくマスターすれば3学期の「大きい数」の単元でも有効です。

ブロック操作の基本のき

① 5の固まりを意識させる

② 5の固まりを使いこなすためにも、きちんと並べることを習慣にする

③ 並べ方がいい加減だと3学期の「大きい数」の単元では…

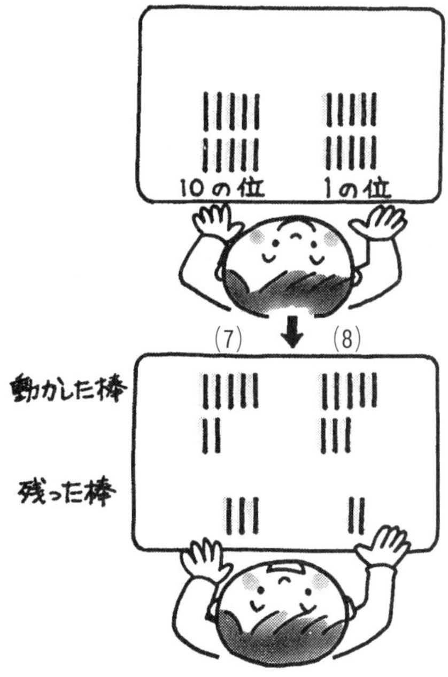

4月・計算

ゲームで数に親しむ

具体物やブロックなどを使って、数が理解できても、それだけでは不十分です。一目見て、数がわかったり、数の順番を考えることなく言えるようになるまで、さまざまな形で練習することが大切です。準備物が不要ですぐにできる数字ゲームを紹介します。

すすめ方

算数の授業の開始３分を使ってする

○席の順に数を言う

最初に、「10まで言ったら、１にもどります」とルールを提示します。座席の順に、「１、２、３…」と数を言っていきます。意外と聞き漏らしたり、「10」の次に「11」と言ってしまったりというまちがいがあるので、単純なわりに楽しめます。

○指名されたら答える

座席の順にするのは、「もうすぐだな」という心の準備ができるからです。このゲームに慣れたら、教師や教師役の子が次々と指名していき、指名された子が答えるようにします。人数が多いクラスでは、班ごとに代表が一人ずつ立ち、立っている子をあてていくようにします。

○変化をつける

「10まで」を「７まで」、「１から」を「10から下がる」、「２ずつ増やす」を「５ずつ増やす」などもできます。

ポイント・工夫

継続してとりくむことで苦手を克服

一度や二度やっても、数が苦手な子が急に得意になることはありません。期間を決めて、毎日算数の授業は数字ゲームから始める、などと継続してとりくめるような工夫をします。

まとめや次への見通し

①変化をつけることで、２学期や３学期になっても適度な難しさにすることができます。

準備物不要の数字ゲーム

① 単純だけれど楽しめる

② 変化をつけてあきさせずに継続する

10までの数の指導

１年生にとっては、数の学習はけっしてやさしいことではありません。10まですらすら言えない子がいるかもしれません。数をきちんと数えることが苦手な子もいるでしょう。子どもの実態を見ることなく進めると後になって困ることになりかねません。

すすめ方

瞬間的にできるまで練習する

○「１対１の対応」をていねいに十分する

数以前の作業として、１対１の対応がきちんとできるようにしておきます。花と蝶を線でつなぐ、動物の上におはじきを１個ずつ置くといったことをていねいに進めていきます。中には、見落としたり、一つの絵に二つのおはじきを置いている子がいるかもしれません。

○数を言わせる

これも苦手な子がいるでしょう。子どもがあきてしまわないように、３匹の犬の絵を見て「3」と言って、「3」を指で示す、指で示した数字を一斉に唱えるなど、変化をつけて具体物と数と数字が頭のなかでさっとつながるようにしておきます。

○逆に言う

10までの数が言えたら、逆に10からもどってみましょう。「７より１つ小さい数は６」といったことがスムーズにできることが計算に入ると重要になってきます。

ポイント・工夫

ゆっくり進んで苦手をつくらない

初めて１年生を担任したとき、絵ばかりの算数の教科書を見て、「教えることは何？」と思いました。しかし私が数の認識にどれだけの段階があるかを理解していなかっただけでした。１年生の１学期はとにかく、ていねいに進めましょう。

まとめや次への見通し

①まだ幼さが残る子は、簡単なことでもできるまでに時間がかかります。数の練習も継続的にとりくむ必要があります。
②見落としがちなのが数字の形や筆順です。少しずつでも練習の時間を確保します。

◎ 1対1の対応をていねいに進める

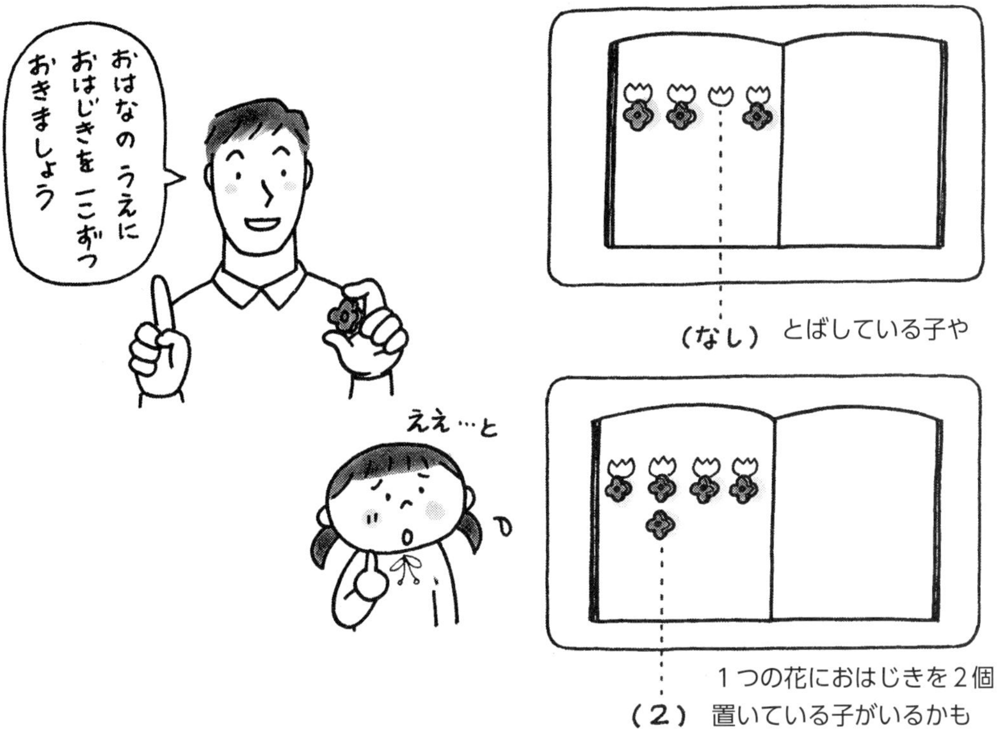
おはなの うえに
おはじきを 一こずつ
おきましょう
ええ…と
（なし） とばしている子や
1つの花におはじきを2個
（2） 置いている子がいるかも

◎ 数を言わせる

4 3 2 1
2
2

変化をつける
- 数を増やす
- 絵をかえる
- 順番に言わせる
- 一斉に唱えさせる

◎ 数字を正しく書かせる

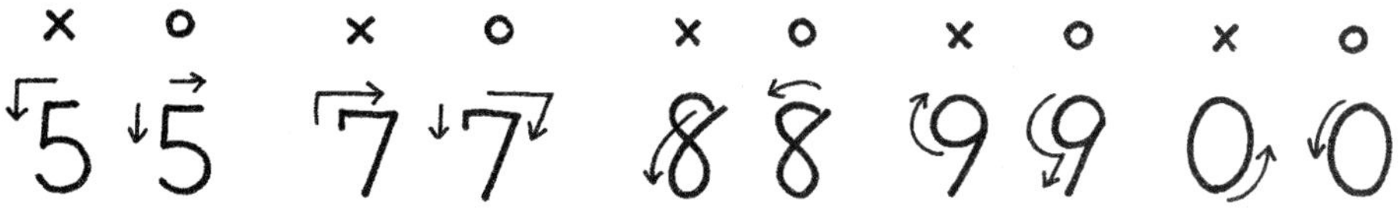
× ○ × ○ × ○ × ○ × ○

クラスのめあてを示す

教師の思いのこもった、しかも毎日のとりくみに役立つようなめあての作り方、活用の仕方について紹介します。規律と活気に満ちたクラスは、学習面でも大きな伸びを生む可能性をもっています。

すすめ方

具体的な目標を考える

○教師の思いをじっくりと追求する

担当学年が決まったら、自分が今年どんなことに力を入れてとりくんでいきたいか、どんな子どもに育てたいかなどをじっくりと考えます。1年担任の場合、教師の思いを全面に出してよいでしょう。

その中からやや具体的な目標をたてます。「あいさつをしっかりする」など当たり前のものでかまいません。3つくらいあるとよいでしょう。それらを文のリズムやバランスを考えて目標にします。

○クラスのテーマを決める

上記の目標を象徴するようなテーマを決めます。私の場合、「えがおであいさつ、えがおでしごと、えがおでべんきょう」という目標のときは「スマイル」、「ぐんぐんのびる、みんなでのびる」のときは「クローバー」というテーマにしました。

ポイント・工夫

テーマはスタンプやクラスのカラーにして活用する

テーマはフル活用しましょう。学級通信のタイトル、クラスの掲示物、ノートへのはんこ、目標達成のシールなど、テーマにそったものを使います。「スマイル」のときは黄、「クローバー」のときは緑をクラスカラーとして使いました。

● まとめや次への見通し

①なにかとくり返せて、子どもも自然に頭に入っていくような「めあて」が理想です。

②学級通信や学級懇談会などで保護者にも伝え、１年間いろいろな形で話題にします。

◎ まずはじっくり考える

やっぱり一年生は
たのしくないと・・・
そうじが好きな
子どもにしたい！

高学年では子どもの思いも聞くべきだが、１年生では入学式までに決めてしまいたい。１年の担任に決まったら、いつも頭の片隅にめあてのことをおいておく。

◎ 具体的目標を。クラスの「テーマ」例

もくひょう

よくはたらく子
よくべんきょうする子
よくあそぶ子

笑顔で働き
勉強し
遊んでほしいな！
スマイル

◎ テーマを活用する

テーマを活用する場面例

- 入学式の日の挨拶で
- 連絡帳のはんこ
- 目標達成のシール
- めあての評価に

にゅうがく
おめで
スマイルがみんなの教室のめじるしです

はんこやシールを入手しやすいテーマが良い
ウラワザですが…

今日のそうじはこれです
わっ！
あしたはスマイルにしたいな

登校後の用意の仕方を教える

登校後、いつまでもランドセルが出たままになっていたり、言われないと宿題を出さないといった子はいないでしょうか。ささいなことのようですが、１年間を通して考えると大きな時間のロスを招くことになります。早めに直したいくせです。

すすめ方

はじめは教師がそばについて

○まずは登校後の片付け

ランドセルがさっと片付けられない子がいる場合は、まずはいっしょにやり、手際のよい片付けを経験させます。登校後「さあ、最初になにをするんだった？」などと声をかけて、できたら「今日は、ロッカーにしまうところまでは早かったね」とほめるといったことをくり返して、少しずつ定着させていきましょう。

○宿題の提出は向きをそろえて

宿題は、出す場所や向きも決めて、毎日確認します。なかなかできない子も一度習慣になれば、あとはそれほど苦労しません。向きをそろえることは細かいことのようですが、気配りをすることにもつながります。

○手紙の確認

家庭からの提出物も出す場所を決めておくとよいでしょう。

ポイント・工夫

見本写真を活用しよう

言葉ではすぐに忘れてしまう子の場合、やることを示した写真（ランドセルがロッカーに入っている様子、宿題を出した状態など）を見えるところに貼り、視覚的にわかるようにします。

まとめや次への見通し

①一気にすべてのことを期待してもなかなか思い通りにはいきません。「まずは、ランドセルから中身を机に移すこと」などと一番最初にできてほしいことにしぼって重点的に指導していきます。

登校後の用意、最初は手とり足とり

① 登校後の片付けが苦手な子は、徐々にできるようにする

最初は手とり足とり

↓

次は近くで声をかける

↓

さらに離れて見守る

ランドセルの中を出して
次は何をするんだったかな？
一人でもできてるかな

② 提出物は出す場所を決めて

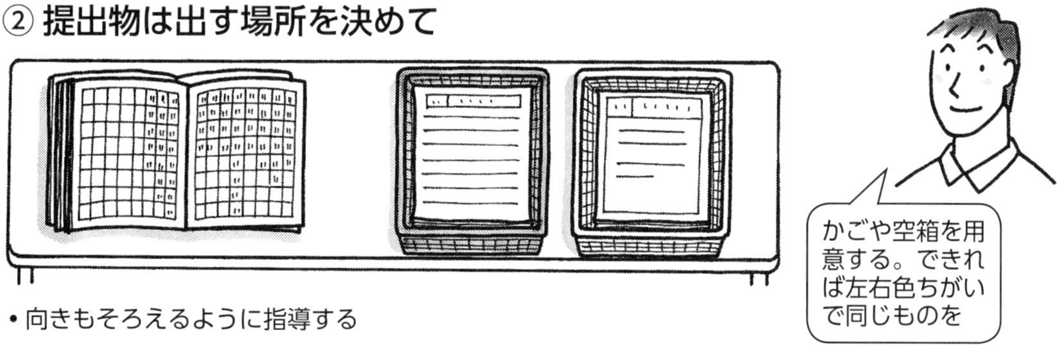

かごや空箱を用意する。できれば左右色ちがいで同じものを

- 向きもそろえるように指導する
- ずれていたら次に出す人がきれいにそろえる

持ち物の整頓の仕方を教える

持ち物の整頓は、学習の基礎の基礎です。これができていないと、授業が始まっても教科書が出ていない、ノートを書くときになって鉛筆が削れていないことに気づく、といった効率の悪い動きをくり返すことになってしまいます。

すすめ方

机の上は必要なものだけのルール

○筆箱の中

鉛筆は家で削ってくることを原則とします。もし、芯が丸くなっていても、休み時間に削るというきまりをきちんと定着させます。そうしないと平気で授業中に鉛筆削りのところへ行き、大きな音を立てるようになります。

また、必要以上に飾りのついたものなどは学習に集中するのにふさわしくありません。懇談会などで説明し、家庭にも理解を求めましょう。

○筆箱は机の中に

筆箱には、子どもの気を引くものがたくさんあります。消しゴムを見たら切りたくなり、定規があったら何かをたたいてみたくなるものです。「机の上には鉛筆、赤鉛筆１本だけ」など、必要最小限のものだけを出してよいことにします。

筆箱を机の中に入れるのは無理なようですが、何回かきちんと入れる練習をすれば１年生でも十分にできます。

ポイント・工夫

片付けの練習は楽しくほめながら

きちんとしまうことの心地よさを味わわせたいところです。時間にゆとりがあるときに、「さあ、きれいにしまえるかな」「すごく、上手にできた人がいるよ」などと楽しみながら片付けの練習をしましょう。

● まとめや次への見通し

①１回の指導で全員が定着することは絶対にありません。月に１回などと決めて、ときどきゆっくり整頓をさせる時間をとります。
②３学期が楽しみだね、と子どもの成長に期待した発言をして励まします。

◎ 筆箱の中は

- 鉛筆が削ってあるか
- 使いやすい消しゴムが入っているか
- 学習に不要な物が入っていないか

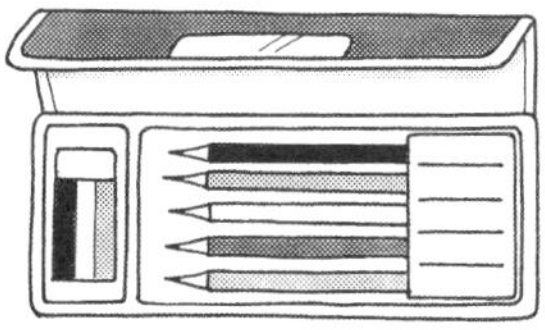

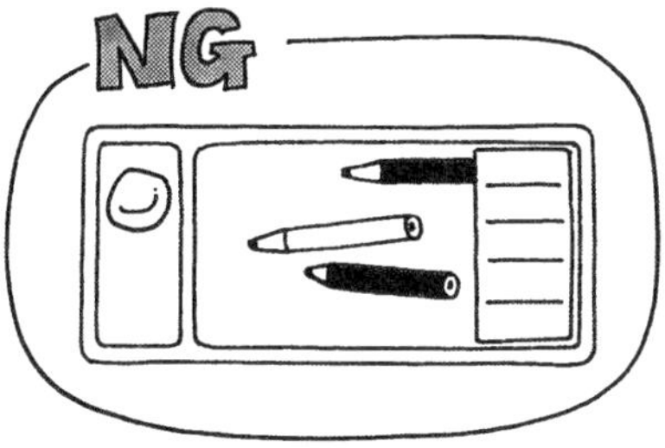

持ち物については学年だよりや懇談会を利用して家庭の理解を求めましょう

◎ 授業中には

NG

鉛筆が何本も出ている
筆箱を眺めて授業に集中していない

OK

筆箱をしまい、鉛筆、赤鉛筆だけが
机の上に

◎ 1年生でもこんなに美しく！

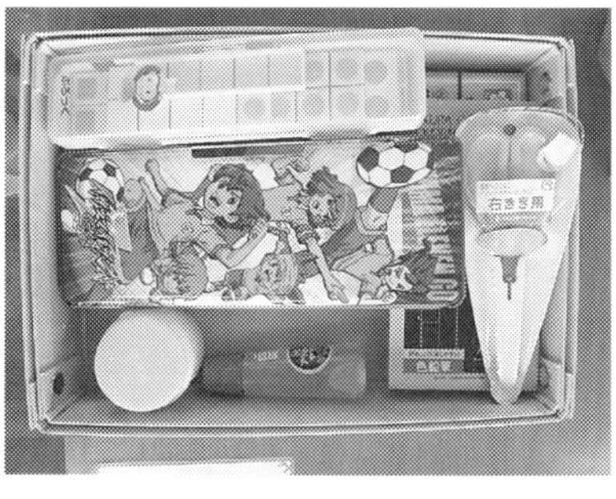

あいさつの習慣をつける

あいさつは、人間関係の基本であり、授業の基本でもあります。あいさつができない子は、発表の声も小さかったり、相手への配慮がなかったりということになりがちです。１年生は、指導すれば素直に元気なあいさつができ、明るい活気に満ちた学級になります。

すすめ方

あいさつは自己表現

○大きな声で、自然にできるように

「言われてからする」「小さな声でぼそぼそと言う」というのではなく、「自分からする」「目を見てする」「気持ちのよい声で言う」ことなどを教えます。

○あいさつの練習

簡単なようでも慣れていない子には、やりにくいものです。朝、教室に入ってくるところから練習します。子どもが待ち構えるようになったら、わざとタイミングをずらしたり、いつもとちがうドアから入ったりなど遊び感覚も入れます。

また、頭を下げることや、下げ方などもていねいに教えないと、教師だけが頭を下げて、子どもはふつうに立ったままということにもなりかねません。

○あいさつをほめる

「今日は、自分からあいさつができた人が15人もいて、うれしかったです」などと話題に出します。

ポイント・工夫

教師からあいさつをし続ける

４月当初は元気なあいさつができやすいものですが、声が小さい子、自分からはできない子もいます。一人ずつの様子を見ましょう。授業や遊びで大きな声が出る場面をつくったり、教師の方からのあいさつをし続けます。

● まとめや次への見通し

①あいさつや返事ができることは授業中の発表にもつながり、学力にも影響してきます。
②６月頃から、慣れてあいさつがいい加減になりやすいので注意が必要です。

あいさつは学力にも影響する

① 楽しくあいさつの練習を

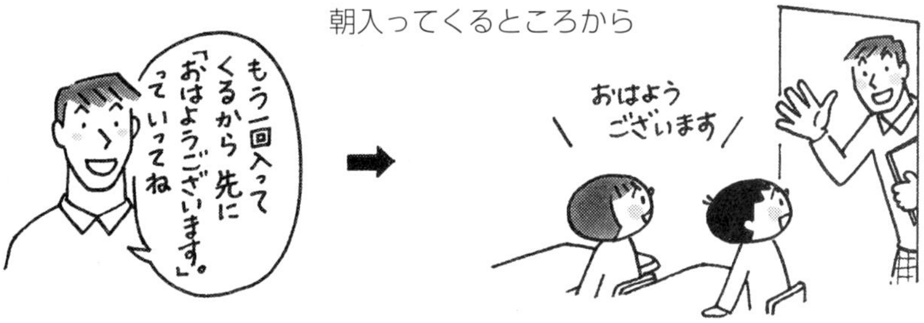

② 変化をつけて

わざと急に入ってくる

③ さらに、こんなことも…

後ろから入って子どもの意表をつく

4月・学級づくり

発表のきまりを指導する

発表をするときのきまりを指導します。こういった指導を「形式的」とする考え方もありますが、子どもにとって、「自由に言っていい」と言われるより、ある程度言い方を決められている方が発言しやすいという面もあります。

挙手と返事がポイント《すすめ方》

○勝手に発言しない練習をする

「手を挙げて当てられてから言うんですよ」と何度指導しても、思いついたらすぐに口にしてしまう子がいるものです。そういうときは、「すぐに言わない練習です」として、「このクラスは何組ですか？」など簡単な質問で、すぐに言わず挙手する練習をくり返します。

○名前を呼ばれたら返事をする

手を挙げるところまでは、比較的にスムーズにできるようになることが多いようですが、名前を呼ばれて返事をすることは忘れがちです。返事は最初の発言でもあります。指導を続けるうちに返事をすることが発言しやすくなることにつながると子どもも感じるはずです。

○聞く意識を育てる

前の人と同じ意見なら、「ぼくも～さんと同じで～」とつけさせます。この習慣でかなり聞く意識がつくられます。

厳格すぎるのは逆効果《ポイント・工夫》

きまりを身につけることで発表がしやすくなることがねらいです。あまり厳しく指導すると逆効果になりかねません。返事をしないときは、「あれ？○○さん、いないのかな？」などと、くだけた調子で注意をうながします。

まとめや次への見通し

①返事はしなくてもすぐには影響がないため、教師の根気がためされるところです。3か月は続けて指導する意識が必要です。

豊かな発言を支える発表のきまり

① 1年生の発言のルール

- 挙手をする
- 指名されたら返事をする
- 他の人の発言をきちんと聞く

② 勝手に発言すると迷惑ということを教え、勝手に言わない練習をする

③ 聞く意識を育てる

「ぼくも」「ぼくは」を意識させると、前の子の発言を聞くようになる。

教科書にきれいな折り目をつけさせる

新しい教科書は折り目がついていません。そこに、使いやすいようにきちんと折り目をつけることを教えます。折り目の意識がない子は、ページがゆがむような折れ方をしたり、途中でしわがついたりしても平気になってしまいます。

すすめ方
みんなで一斉にして一人ずつ確認

○教科書に折り目をつける意味を教える

最初に傾いた折り目がつくと、そのくせがついて、その後もそこが折り目として使われ、教科書の形が崩れ痛んだりするようになります。逆に正しい折り目をつけておくと、使いやすくなることを教えます。

○表紙に折り目をつける

まず、一番わかりやすい表紙に折り目をつけます。外から見て薄く線が入っているので、綴じている部分までしっかり広げて折ります。一人ずつ確認しないと、この時点でずれて折ってしまう子がいるので注意が必要です。裏の表紙も同様に折ります。

○なかに折り目をつける

まんなかあたりを開ききるようにして広げて、くせをつけます。次に前から４分の１、４分の３あたりにもつけます。ここまできたら､あとは少しずつ自由に折り目をつけさせます。

ポイント・工夫
作業の中で子どもを知る

教科書を大切にするという気持ちを引き出し、勉強への興味づけのためにも行いたい作業です。そのため、表紙の絵や内容にも少しふれてもよいでしょう。指示したページをすぐに見つけられるか、しっかり折れるか…などから子どもの理解も進みます。

まとめや次への見通し

①２学期に新しい本が届いたときには、かなりできるようになっているはずです。子どもにまかせてみましょう。

◎ 教科書に正しい折り目をつける

① 表紙１枚目をしっかりと折る

② 裏表紙も

③ まんなかあたりを

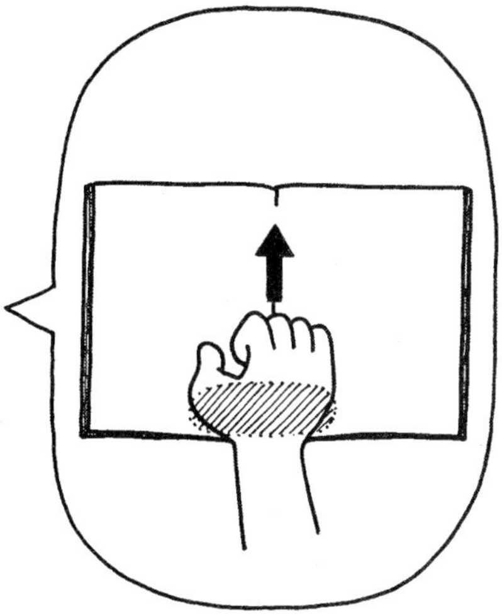

手のひらの下の部分で
しっかり押す

④ 後は前から４分の１あたり、４分の３あたりのところを折っていく

◎ 折り目をつけておかないと

✖ 途中で折れて使いにくい

✖ きちんと開かない

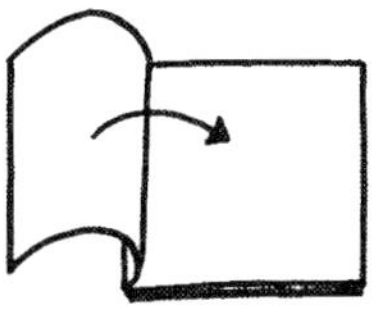

宿題の出し方

　1年生にとって、宿題は小学生の象徴です。したがって、楽しみにしている子もたくさんいます。そんな時期だからこそ、4月からきちんと宿題にとりくむ習慣をつけることは、その後の学校生活にとって、とても大きな意義があります。

すすめ方
宿題は、学校でリハーサルを

○宿題と同じ内容を学校で行う

　音読の宿題一つとってみても、「どこまで読むのか」「何回読むのか」「音読カードはどう書くのか」など、子どもは迷い出すときりがないほどいろいろあります。

　教室で宿題とまったく同じことをやってから、「これをもう1回、おうちでするのが宿題です」とイメージをもたせて帰しましょう。

○家庭との連携

　保護者によっては、「印と書いてありましたが、サインでもいいのでしょうか？」といったような、担任が考えてもいなかったようなことを気にして尋ねてこられる方もいます。学級通信や懇談会を利用して、宿題の内容や方法、さらに家庭学習の習慣づくりを重視していること、多少のまちがいや勘ちがいはあるのは当然であることなどを伝えておきましょう。

ポイント・工夫
宿題は必ずその日にする習慣をつける

　まずは内容よりも、①宿題は出された日に必ずやること、②ていねいな字で書くこと、③登校したら決められた場所に提出すること、といった当たり前のことが確実に身につけられることをめざしましょう。

まとめや次への見通し

①家庭学習を毎日するという習慣はなにものにも代え難いほどの価値があります。1年生では、負担を配慮し、習慣づくり重視で継続したいものです。

1年生の宿題　3原則

① 学校で同じ内容を行う

今やったことを、おうちでもう一回するのが今日の宿題です
これならかんたん！
そうか

② 家庭と連携

習慣づくりを第一と考えています。無理のないようにしてください
できないときも全部絶対やらせないといけませんか

③ 決まりの定着

- 宿題は必ずする
- ていねいな字で書く
- 登校したら決められた場所に出す

おはよう

4月・学級づくり

おすすめの実践

二重跳び
1年間通してとりくみたい

ヒュンヒュンと音を響かせて二重跳びをしている姿は、かっこいい！　低学年のあこがれです。

(1)継続することの意味と覚悟

子どもにとって、二重跳びができたときの喜びや二重跳びの回数が増えていく過程の充実感は、かなりのものです。また、保護者にも伝わりやすいとりくみです。家庭で子どもの成長を認めてもらいやすいのです。

二重跳びを一定期間、できれば1年間とりくみ続けるという覚悟が第一です。継続してとりくむことで、縄跳びが苦手な子にも二重跳びができる可能性が高まります。得意な子は、ハヤブサや後ろハヤブサといったことも、できるようになります。

❶　時間設定

縄跳びを体育としてだけでなく、学級づくりの手だてと考えましょう。学活や休み時間も使えます。

短時間でもできるだけ縄にふれる回数を確保することが大切です。

❷　縄跳びカード

私は、以下のような目安を示します。

- 前跳び100回
- 30秒前跳び70回
- ジャンピングボードの二重跳び５回

縄跳びカードをつくる場合は、上の目安を５段階くらいにわけます。

その際、前跳びが１回もできない子がいるなら、最初の枠は１回となります。２、３回できるなら10回でいいかもしれません。このあたりの微妙なさじ加減は子どもを目の前にした担任のみが設定できることです。

(2)こんなふうに練習を

❶　ジャンピングボード

あるととても有効なのが、ジャンピングボードです。市販のものもありますが、かなり高価です。私の勤務校では、管理員さんにお願いして造っていただいたものを愛用していました。

ジャンピングボードがあると、二重

跳びの感覚がつかみやすくなります。また、前跳びなどのときも、楽に跳べるため、回数をたくさん跳ぶ経験をさせたいときには、使えます。

❷ 片手回し、空中手たたき

グリップを両手で持って、速く回す練習も効果的です。このときのポイントは音を意識させることです。

友だちが二重跳びをしている場面や教師が片手回しをしている音を聞かせて、縄が「ヒュヒュン、ヒュヒュン」となっていることを確かめさせます。「ヒュンヒュンヒュン」と同じペースで回っていると思っている子が多いのですが、実は、そうではないことに気づかせるのです。

二重跳びのリズムをつかむためには、縄を持たずにジャンプして空中で２回手をたたくという動きも効果的です。できない子は、地面に足が着いている状態で手をたたいているときもあります。いっしょにジャンプしてやったり、子どもに見本をしてもらったりして体得させます。

(3)苦手な子への対応

学級づくりの一貫としてとりくむ以上、苦手な子への配慮は絶対に必要です。ときには、ふてくされたり、わざと挑発するような態度を見せるかもしれません。そんなときにすぐに無理矢理縄跳びをやらせても効果は上がりません。

まずは半年先に、少しでも上手くなっていればいいと割り切ってあせらずとりくみましょう。

交代読みで音読を楽しむ

交代読みは、教師と子ども、子どもと子どもが交代で読む音読です。交代読みは普通に音読ができているだけでなく、相手の音読を聞いている必要があり、注意力が求められます。連れ読みの次の段階の音読練習といえます。

すすめ方

国語の時間に楽しくとりくむ

○教師と子どもが交代する

最初は、教師と子どもたちで交代します。句読点ごとに交代するようにするのがわかりやすいでしょう。教師が句読点まで読み、子ども全員が次の句読点まで読みます。それをくり返します。

（教師）「くまさんが、」（子）「ふくろをみつけました。」（教師）「おや、」（子）「なにかな。」といった具合になります。

○一人の子どもとその他の子ども

交代読みに慣れてきたら、教師役を子どもの一人がします。最初は、音読が得意な子を指名するのがよいでしょう。何人かやれば、他の子もわかってきてやりたくなるでしょう。

子どもたちだけでの交代読みがスムーズにできるようになれば、グループに分かれてしたり、２人組でとりくんだりすることもできます。

ポイント・工夫

テンポよく進めて苦手な子もまきこむ

なかには、音読がとても苦手な子がいるかもしれないので配慮が必要です。交代読みではテンポよく進めていくと、声の小さい子も徐々に大きくなっていきます。「みんなで交代読みを楽しむ」という意識で指導していきます。

● まとめや次への見通し

①１年生の子どもにとっては高度な活動になります。ある程度、一斉読み、連れ読みなどで練習をしてすらすら読めるようになってから、始める方がよいでしょう。

テンポよく進むと、みんな楽しくなってくる！

① 教師と子どもたちで交代

あまぃ
あまぃ
おおきな　おおきな
かぶ に なりました

② 一人の子どもと
その他の子どもで交代

おじぃさんは
かぶ を ぬこうとしました

③ ２人組で交代　おとなり同士など

うんとこしょ
どっこいしょ
!
ある程度すらすら読める
ようになったら、
始めましょう。

暗唱

暗唱は、子どもに自信をもたせることにつながります。ここでは、俳句の暗唱をおすすめします。俳句は、短くて、リズムがよいので、覚えるのに適しています。有名な俳句を覚えておくことで、長い目で見ても人生が豊かにもなります。

すすめ方

リズムのよい俳句で暗唱を

○最初の一句を覚える

黒板に、五七五の３行に分けて書きます。（右図）

- 教師が、指示棒で指しながら、読んで聞かせます。続いて、子どもたちが読みます。
- 次に、下３分の１程度を消して続けて読ませます。
- さらに、最初の一文字だけを残して読ませます。
- 最後に、すべて消して暗唱させます。

１日、一句くらいずつ増やしていきます。

○朝の会は暗唱から

朝の会の始まりは、暗唱からします。くり返すことで定着し、スムーズになるので、習った俳句をすべて順番に言っていきます。

日直さんが、最初の五音を書いたカードを見せて、リードします。毎朝暗唱を最初にすると生活のリズムをつくることにもつながります。

ポイント・工夫

毎朝のくり返しで全員暗唱できる

「ちゃんと覚えなさい！」などと追い詰める必要はありません。暗唱が苦手な子も、朝の会などでくり返しているうちに自然に覚えていきます。ある程度覚えられたら、カードを五文字から、最初の一文字、カードなしと発展させます。

まとめや次への見通し

①授業参観の最後などに暗唱を披露すれば、子どもたちの姿に保護者も喜んでくれます。

俳句は短くてリズムがよいので暗唱しやすい

① 俳句の暗唱の仕方。１日１句を目標に

- 内容の説明は簡単に
- できていない子がいても、やりながらできることをめざし、テンポよく進める

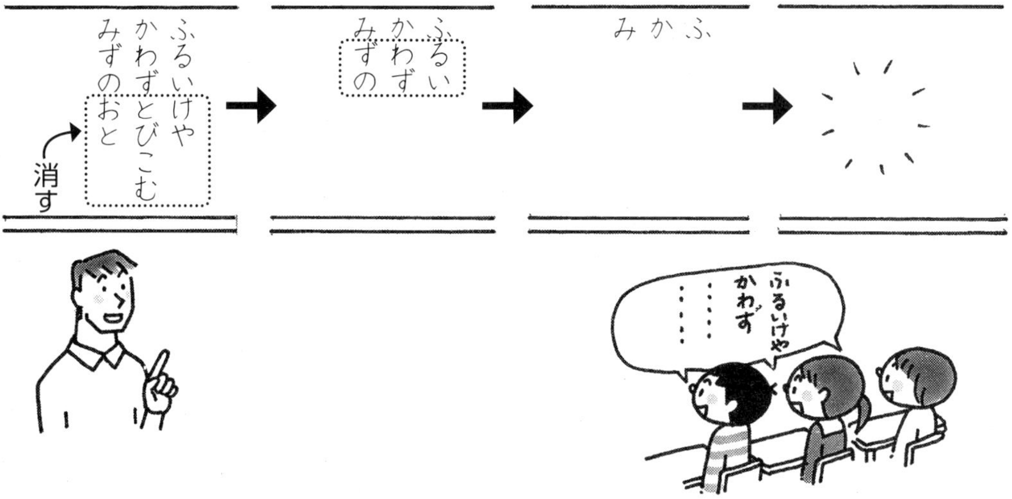
ふるいけや
かわずとびこむ
みずのおと
消す
ふるいけや
かわず
……
……

② 朝の会で　これまで暗唱した俳句を、くり返しおさらいしながら進める

日直
ふるいけや
ふるいけや
かわずとびこむ
みずの おと
黙ってテンポよく出す
なのはなや
なのはなや
つきは ひがしに
ひは にしに

③ 覚えたら

最初の一字だけの
カードでもできる

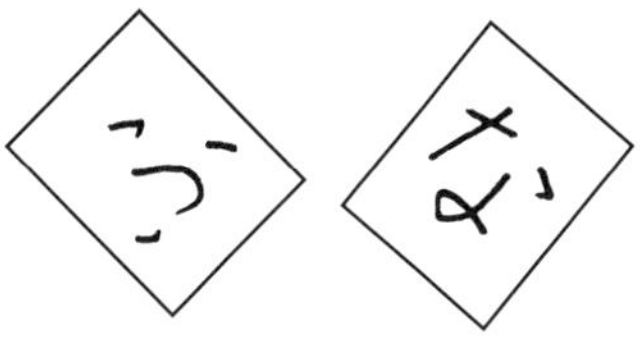
つ
な

ふるいけや…
まあ…

授業参観で暗唱を披露

作文１◎観察カードを活用する

作文は、苦手な子にとっては、何をどう書いてよいのかわからず、とても難しい学習です。１年生から作文嫌いをつくらないために、徐々に書くことに慣れさせていきたいものです。ここでは、観察カードを活用した例をあげます。

すすめ方

生活の時間を利用してクラス全員で書く

○観察してわかったことを発表する（口頭発表）

アサガオの種の観察を例に説明します。

観察は教室で行って、「いろが、くろです。」「せんがはいっています。」などとわかったことを発表します。それを黒板に書いていきます。

発表の内容について、他の子には教師から「くろでいいですか？」「せん、見つかった？」などと確認していきます。あとでカードに写すときに、自分の考えとちがうことで違和感をもたせないようにするためでもあります。

○カードに写す（視写）

いくつかの発表が黒板にたまったら、それをカードに写させます。中点「・」を教えて、一文ごとの箇条書きにさせると、常に「中点から始まる」「中点の場所は一番左」など指導がしやすくなります。

ポイント・工夫

アサガオを観察しながら進める

初期の段階では、目の前にあるものをみんなで観察して確認しながら進めるので、わかりやすくなります。アサガオの観察は、週に１回程度のペースで行うと変化がはっきりして、作文指導の素材としてもおすすめです。

まとめや次への見通し

①この指導を２、３回すれば、カードに書くことにかなり慣れてきます。
②次は、書くことを自分で選ぶ段階になります。

生活の時間を使って作文の指導ができる

① 観察したことを発表

② 黒板に書く

●いろは くろ
●せんが はいっている
くろです
せんが はいってます

③ はじめは黒板の文をそのまま観察カードに写す

中点「・」、箇条書きという言葉も教えておくと便利

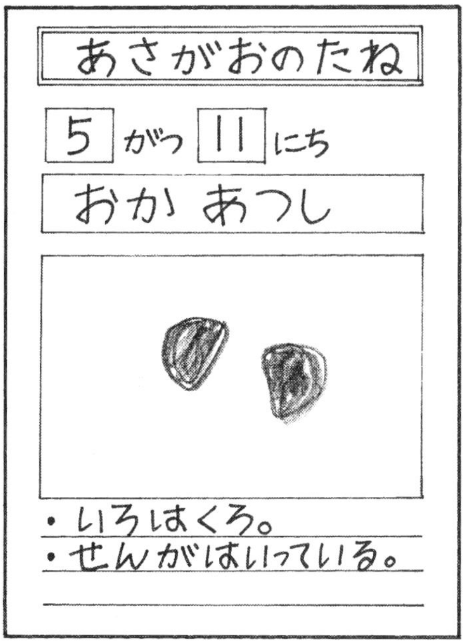

あさがおのたね
5 がつ 11 にち
おか あつし
・いろはくろ。
・せんがはいっている。

★発表内容は、他の子にも確認させる

★アサガオは変化がはっきりと出る（双葉、本葉、つる、つぼみ、開花など）ので、作文指導にも使いやすい

視写とノートの使い方指導

連絡帳や黒板の短い言葉をノートに写すことができるようになったら、教科書を写す練習に入ります。簡単なようですが、１年生にとっては、マスや行の位置を確認しながら書くことはとても力をつけることになります。

すすめ方

特別に時間をとって学級全体に指導

○マスや行の位置を確認する

最初のうちは、「２行目の１マス目に『わ』と書きましょう」といったこともなかなかできません。「〜行目」「〜マス目」を、ほとんどの子がスムーズに理解できるようになるには、１か月程度はかかると思ってよいでしょう。

○句読点も意識させる

読点「、」句点「。」は、ひらがなよりも小さいだけに、１年生は見落としがちです。これも、常にチェックして「『、』が抜けてるよ」といった声かけをしていれば、徐々にできるようになっていきます。

○１マスあけ、１行あけを意識させる

最後は、１マスあけ、１行あけです。これは目に見えないことを読みとる作業でもあります。これができるようになるということは、注意力がぐんと伸びていることでもあります。

ポイント・工夫

３つの基準で視写力を判断する

指導する側が、①マス・行の位置、②句読点、③空白といった段階を意識していると、子どもの状態がよくわかります。クラスの実態をこの３つを基準としながら判断し、一度に視写する量も徐々に長くしていきます。

● まとめや次への見通し

①４月は連絡帳を書く、５月はこくごちょうに言葉を写す、６月は短い文、７月は教材文といったものが大まかな段階です。１学期中に、教材文をこくごちょう１ページ、２学期には２ページ以上写すことをめざします。

ノートの使い方は時間をとって指導しよう

① 書き方を統一する

あっ ここは 1マス あいてる

「、」と「。」も1マス使う
教科書が1マスあいているときは、
ノートも1マスあける

決めておくことで意識が高まる

② 視写の上達の道すじ

○ 文字を正しく書く
○「、」と「。」を見落とさない＝小さいものを見逃さない
○ 1行あけ、1マスあけを見落とさない＝ないものが「見える」

注意力の向上

③ ノートの使い方、書き方の基本を確認する

・ページはとばさず順番に使う
3
2
1
4
・日付を書く
5がつ18にち
・下敷きを使う
・新しい単元は新しいページで
おてがみ
と、いいました。
・1行あけて
5+2=7
4+1=5
・授業が始まったらノートを開いてすぐに日付を書く
キーンコーン♪

10までの数の分解・合成

10の分解・合成の習熟度は、２学期になると、くり上がり・くり下がりの計算が得意になるか、苦手になるかくらいの差になってあらわれます。「こんな簡単な」と思うような内容ですが、さっと浮かばなかったり、覚えてもすぐに忘れてしまう子もいます。

すすめ方 ブロックで10の固まりのイメージから

○ブロックの10の固まりでイメージさせる

ブロックを10個並べて、１個取った残りの９個と取った１個を指して「９と１」などと言う練習をさせます。

○数字の組み合わせをイメージさせる

数字カードを使って、「９と１」「８と２」「７と３」「６と４」「５と５」と並べて順に言っていきます。次にカードを隠して、「９と？」「６と？」などとと練習します。逆の「１と？」「４と？」も練習します。

○くり返し練習する

10の補数の威力が発揮されるのは、10月や11月のくり上がり、くり下がりの単元を学習する頃です。10の合成・分解が苦手な子がいる場合は、10月まで練習を続けます。できている子が退屈しないように、わざとカードをひっくり返したり、カードの一部を隠したりと別の要素も入れて、飽きないようにさせます。

ポイント・工夫 他の数でも練習を

くり上がり、くり下がりの計算では、６や７の補数関係でつまずく子がいます。「いくつといくつで６」や「いくつといくつで７」などのバージョンも練習しておきましょう。

まとめや次への見通し

①くり上がりが出てくる10月まで半年あります。算数の授業の始めなどで継続して行えば、覚えるのが特別に苦手な子であってもほとんどの場合できるようになります。

「いくつといくつ」をくり返し練習

① 10の固まりでイメージさせる

② 数字でも練習

③ 7や6の補数関係も練習しよう

そうじの仕方を教える

そうじは使い方しだいでは、とても子どもの能力を伸ばし、人間的にも成長させる場にもなりえます。また日常的な共同作業です。助け合ってきれいにする経験を重ねたいものです。ぜひ、そうじ好きで、仕事好きな子どもに育てましょう。

すすめ方

道具の使い方からていねいに教える

○技術を教える

ほうきなら、「へび型」（右図）のように掃くことを教えます。始めのうちは、ゴミを見ずにただ歩いているような子や、ほうきを振り回しているだけでぜんぜん掃けていない子もいるはずです。

ほうきの先を使い、力を入れて掃くときれいに掃けることやドアのレールのところなどはほうきを縦にして掃くことも教えます。新しいことを教わると、それを使ってみたくなるものです。

○きれいにした気持ちよさを味わわせる

そうじ指導のポイントは、掃いた後のゴミやほこりのない床や雑巾で拭いてきれいになった黒板を見て、「ほら、みんながかんばってそうじをしたから、こんなにきれいになったよ」ときれいにした気持ちよさを味わわせることです。これが感じられる子は、自分からとりくむようになります。

ポイント・工夫

おおいにほめて、助け合える学級を

最初の段階では、一人ひとりがどの程度指導したことができているかをきちんと見極めることが重要です。人の批判ばかりしている子や、好きなことだけやりたがる子を見逃さず、こつこつととりくんでいる子をおおいにほめましょう。

まとめや次への見通し

①最初は、ほうきばかりでもかまいません。教室のほうきに合格したら、ろうかのほうき、それにも合格したら雑巾などという流れもよいでしょう。

◎ そうじの技術を教える

- ヘビ型に掃いていく
- はじめは教師が先頭に立って、動き方を教える
- ドアのレールは、ほうきを立てて、先で掃く

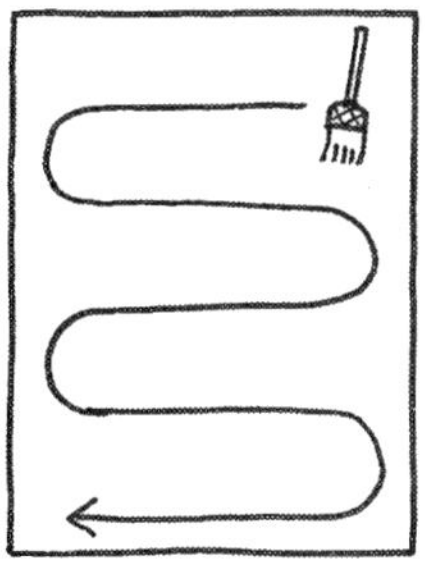

ヘビ型

◎ 気持ちよさを味わわせる

鉛筆の正しい持ち方を継続させる

くせを直すには、３か月から半年かかります。そう考えると、練習を継続するためのシステムとともに、子どもの意欲を持続させるための工夫も重要になります。

すすめ方

写真と万年筆を使ってモチベーション維持

○４月に写した写真とくらべる

このころになると、鉛筆を正しく持つ意識がうすれはじめます。そこで、４月のまだ持ち方の指導を始めるまえの時点で撮影しておいた写真とをくらべます。根気がなくなってきたころに見せると「けっこう直ってるな」などと刺激になります。

○万年筆、筆ペンを使う

万年筆を教室に持ち込み、「これは持ち方が悪いと壊れやすいので、鉛筆を正しく持てる人だけに貸します」などと限定して、書写の時間などで貸します。（万年筆は100円ショップでも売っています。）

はらいの練習などで使うと、万年筆の良さが実感できます。筆ペンも同じ使い方ができます。

ポイント・工夫

万年筆の価値を高める

万年筆や筆ペンは、何となく使わせると、最初だけ珍しくて大人気で、後は、雑に扱われることになりかねません。ねらいがいかせるように、価値を高めることが大切です。

まとめや次への見通し

①写真や万年筆は、最初から使うのではなく、飽きていいかげんな持ち方になる子が出てきたころに、出すと有効です。

子どもの意欲を持続させる工夫

① 4月に撮影した写真とくらべる

4月より
よくなって
いる!

② 書写の時間に、万年筆、筆ペンを使う

万年筆は、こわれやすくて、使い方が難しいです。
ですから正しい持ち方の一人だけに貸します
持ち方、やっぱり
気をつけよう
使って
みたいなあ

★子どもの根気がなくなってきたころに使うと効果的

★クラスに10本あれば、交代で使わせることができる

「はらい」を正しく書かせる

はらいは、ひらがな、かたかな、漢字を正しく書くためには、できなくてはなりません。ひらがな指導が一通りすんだら、はらいを意識し、練習させます。そのことで細かい部分についての感覚が育ちます。結果的に、文字全体がきれいに書けるようになります。

すすめ方

はらいのある字を意識して書かせる

○ひらがなではらいがある字を確認する

「し」「つ」「う」「お」など、たくさんあることがわかります。１文字ずつ習うたびに、はらいについても指導しているはずです。しかし、子どもによっては、実際には、はらいがきちんと書けていない子もいるのではないでしょうか。それをあらためて意識させて書かせます。

○はらいの練習をする

「つ」「う」のように、左はらいから練習します。苦手な子は、曲線の部分からいきなりはらうような書き方をしがちです。（右図）

それを、はらう直前で一度止めて、息を抜くように指の力を入れずに「フッ」とはらうように言います。

右はらいも合わせて練習します。

ポイント・工夫

上はらいは難しい

たかがはらいですが、いざきちんと指導しようとすると、上向きのはらいの方が難しいことに気づきます。「し」の上向きのはらいは鉛筆の持ち方まで影響してきます。

まとめや次への見通し

① ２学期に漢字を習いはじめたら、「大」「水」「人」などの字を使って、はらいの復習をときどきしたいところです。

◎ はらいのある字

しつうおあけすち…

◎ はらいの練習

左はらい

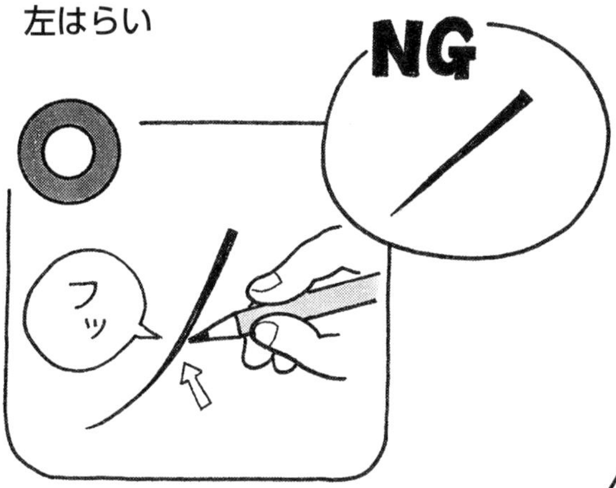

上はらい

右利きの場合、左はらいより難しい

- いったん止める ｝をよりていねいに
- 「フッ」と力を抜く ｝をよりていねいに
- いっきにはらってはダメ

◎ 漢字を学習し始めたら

漢字には右はらいもある

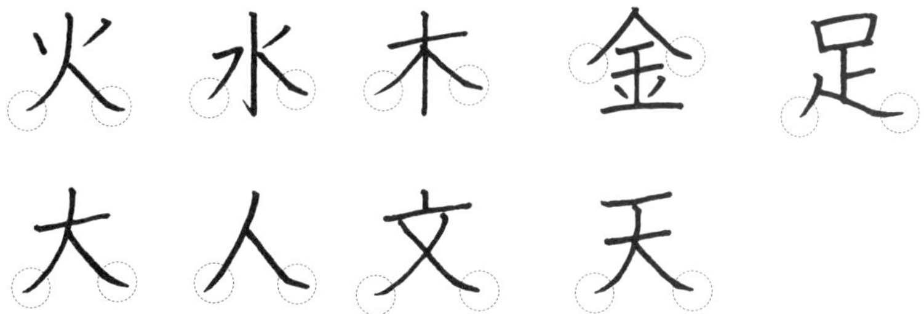

火 水 木 金 足
大 人 文 天

「を」「は」「へ」の指導

いわゆる「くっつきの『を』」は低学年にとって、わかりにくいものの一つです。感覚的にわかるようになる面もありますが、1年生では、意図的に練習し、意識させることで少しずつ理解できるようになっていきます。

すすめ方
言葉探し

○「くっつきの『を』」の説明をする

「おかずをたべる。」は、「おかず」という言葉と「たべる」という言葉でできていることを説明します。「を」は、そのふたつの言葉を「くっつけて」いるから、「くっつきの『を』」と言われることを確認します。

○言葉を見つける練習をする

右図のように、例文の中から「言葉」を見つける練習をします。「を」は、その言葉と言葉をくっつけているときに使うことを強調します。同じように、言葉と言葉をくっつけているときに使う「くっつきの『は』」「くっつきの『へ』」についても練習します。

○混乱する子どもには

「は」と書いて「わ」、「へ」を書いて「え」、「を」と書いて「お」と読むことに混乱する子どももいます。私は、は（ha → wa）、へ（he→e）、を（wo→o）（ローマ字は教えません）のように「音がずれる」を教えます。

ポイント・工夫
くり返すことで慣れさせていく

1年生は、「言葉」を理解することさえ困難です。くり返し「言葉」や「くっつきの～」について指摘し、慣れさせていく必要があります。「を」「は」「へ」を色画用紙にいくつも書いて黒板に貼るようにするとわかりやすくなります。

まとめや次への見通し

①作文を書くためには、絶対に必要な知識ですが、一度にいくら時間をかけても苦手な子がすぐにできるようにはなりません。続けて練習が必要です。

「くっつき」ってどういうことだろう？

どれが「言葉」ですか？
えんぴつをけずる
「けずる」です
「えんぴつ」です
おかず
を
たべる
「おかず」と「たべる」をくっつけています

① すぐにわからない子が多いので、ときどきとりあげて説明する

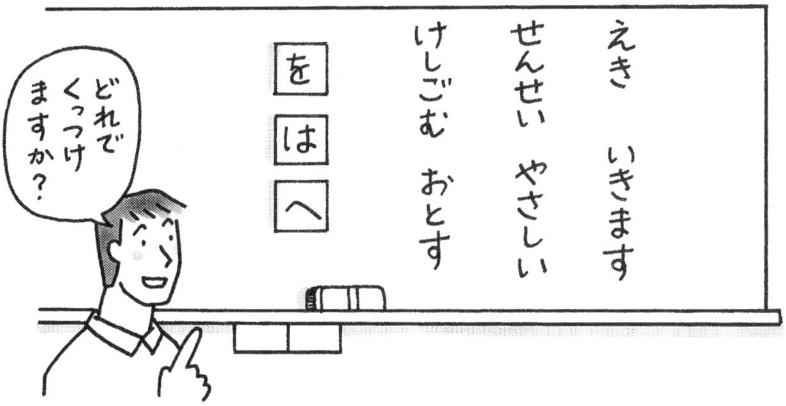
えき　いきます
せんせい　やさしい
けしごむ　おとす
を
は
へ
どれでくっつけますか？

② 言い方＝言葉を教えておくと説明しやすい

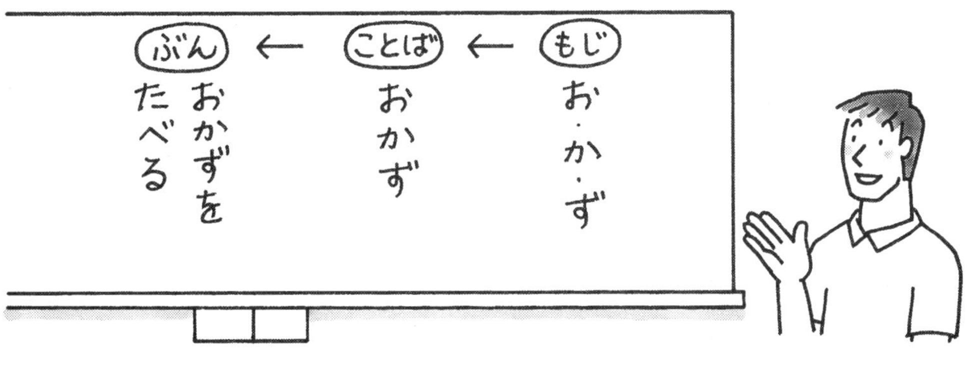
もじ ← ことば ← ぶん
お・か・ず
おかず
おかずを
たべる

促音・拗音・長音の指導

促音（「っ」）、拗音（「ょ」など）、長音（のばす音）は、理屈だけでは説明しきれません。書き方を指導した後は、視写・聴写などで慣れていくことが大切です。

リズムで覚える《すすめ方》

○**促音の説明をする**

「きって」は、「き」と「て」の間に1拍入る（音を出さない字）ので、それを「っ」で表します。手を打って実際に数えてみるとよいでしょう。

「っ」のつく言葉を発表させ、文字の間に１拍入ることを確認します。

○**拗音の説明をする**

「きょう」は、２拍となることを手を打って確認します。

拗音の言葉を集め、これも確認します。

○**長音の説明をする**

「おかあさん」の「かー」とのばすと、「あ」になります。その「あ」を入れて「おかあさん」と書くことになります。

○**聴写で練習する**

「やっぱり、びょういんにいった。」など促音や拗音・長音の入った文を聴写で書かせて練習します。

視写や聴写でくり返し《ポイント・工夫》

ここでは、一気に説明していますが、実際に授業をするときは、分けて指導した方が混乱が少ないでしょう。ゆっくり、視写や聴写をくり返しながら定着させていきます。

まとめや次への見通し

①しばらくは、国語の授業の５分か、10分くらいを使って、聴写での練習をくり返します。

◎手を打って数える

◎のばす音

◎視写・聴写をくり返して練習

☆国語の授業などで
一文ずつでも継続して練習
すると着実に力がつく

作文２◎口頭と選択視写

５月の、クラス全員で同じものを観察・発表し、教師が板書したことをカードに写して書く前段階（66ページ）から、少しレベルをあげ、書くことを黒板のなかから自分で選んで書きます。

すすめ方
生活の時間を利用してアサガオ観察を題材にみんなで書く

○観察して見つけたことを発表する

アサガオの観察で、子どもは見つけたことを発表します。教師は、それを黒板に書いていきます。前回は、全員が同じことを書いたので、数個を黒板に書きました。今回は、そこから選ぶことになるので、できるだけたくさん発表させます。

まず外に出て、子どもたちに絵を描かせ、見つけたことを発表させます。教師は、それをメモしておき、教室にもどって黒板に写します。子どもたちにはそれから選ばせます。

誰が発言したかを、意見の最後にでも書いておくと後で使いやすくなります。

○書くことを黒板の中から選ぶ

今回は、子どもに写す内容、つまり書くことを選ばせます。もちろん、全員が複数発表しているわけではないので、他の子の意見を写してもよいことにします。

ポイント・工夫
中点「・」や句点もきっちりと書かせる

アサガオの観察の場合、この時期になると鉢によって葉の数がちがってきています。そこで自分のアサガオの葉の枚数を書かせたいところです。前の段階から同じパターンでとりくんでいるので、中点や句点などは、きちんと書くことを求めます。

まとめや次への見通し

①カードに書くことは、かなり慣れてきているはずですが、すべてを自分で書くのは次の段階です。

◎ 観察カードを使った作文指導

今月は
コレ！

第1段階　全員で同じものを観察し、板書されたものをそのまま写す（5月／66ページ参照）

第2段階　板書されたものの中から書くことを選んで写す（6月）

◎ できるだけ多くの意見を発表させます

発問

- みんなのアサガオはどんなふうになっていましたか？
- 葉は何枚ありましたか？
- 色は何色でしたか？

●4まい
●3まい
●2まい
みんなはどうだった？
ぼくのは二まい
わたしのは三まいあった
はっぱが四まいありました

◎ 板書の中から自分の意見を写す

はのかずは
●4まい
●3まい
●2まい
はのいろは
●みどり
●きみどり
さわってみたら
わたしのは三まいできみどりかな

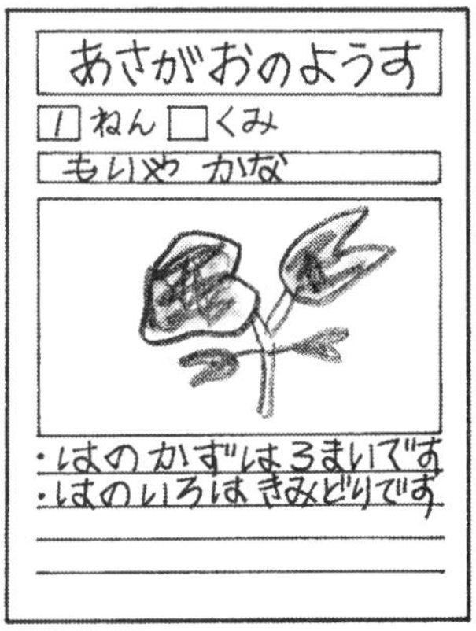
あさがおのようす
1 ねん くみ
もりや かな
・はのかずは3まいです
・はのいろはきみどりです

聴写◎ノート指導の第一歩

１年生にとっては、黒板に書いてあることをノートに写すだけでも難しい作業です。それだけに、聴写（聴いたことをノートに書く）を意図的に鍛えることで力がつき、授業の効率も大幅に高まります。

書き出しのマスの位置から指導する
すすめ方

○「１行目」「１マス目」といった言葉を教える

１行目、１マス目といった言葉も、なかなか理解できない子がいるかもしれません。これがきちんとできていないと、ノートが乱雑になってしまいます。

黒板で、行やマスの説明をした後、
「１行目の１マス目をおさえなさい」
「２行目の２マス目をおさえなさい」
と、指で押さえる練習をします。

これは、一度では定着しません。１週間ほど毎日、やり続けると、ほぼどの子もさっと指示した場所が押さえられるようになります。

○聴写の練習をする

まずは、言葉の１文字だけを、場所を指示して書かせます。全員ができていることを確認したら、残りの言葉を言って書かせます。

継続して行う
ポイント・工夫

聴写は、地味な作業ですが、継続していれば確実に力がつきます。ノートの上での位置を理解することは、正しく見分ける活動の第一歩でもあります。箇条書きのための「・」（中点）や「　」（かぎかっこ）なども指導します。

● まとめや次への見通し

①３か月続けると正確さもスピードもかなり向上します。

◎ 聴写で使う言葉を教える

ここは○行目の●マス目

ここは何行目の何マス目かな
2行目の1マス目です
……

◎ 聴写をするための練習

中点「・」やかぎかっこ「　」の書き方も練習させる

一行目の一マス目に「く」と書きなさい
その下に「じらぐも」とつづけて書きなさい

計算カードを使う

　習熟練習として一般的な計算カードは、とりくみを始めるタイミングが重要です。計算の意味がブロックなどで十分イメージできていることと、10までのたし算ひき算がある程度スムーズにできるようになってから始めます。焦って始めては逆効果です。

すすめ方

計算カードの使い方に慣れるところから始める

○やさしい問題でカードの使い方に慣れる

　カードの購入時点では、数字の順に並んでいます。答えも順番になっているので、そのままでは計算の練習になりませんが、最初のうちはカードの操作自体に慣れるという意味でそのまま使いましょう。

　不器用な子は、カードのめくり方も指導し、練習させる必要があります。「＋１」などやさしい問題のカードを前半に固めるといったことも効果的です。

○先生役を決めてグループで行う

　タイムを計ることはとても有効ですが、クラス全員を常に教師がやっていては時間がかかりすぎてしまいます。班に一つずつストップウォッチを配って、基準のタイムを切った子に先生役として手伝ってもらったりします。他の子の答えを確認することも勉強になります。

ポイント・工夫

授業や宿題で少しずつとりくんで力をつけよう

　フラッシュカードを使って全体練習をし、学級全体の底上げを十分にしてから、またはしながら、計算カードにとりくみます。毎日のように、宿題や授業の中でやってこそ、成果が出ます。(フラッシュカードについては次項)

● まとめや次への見通し

①10までの計算は比較的簡単ですが、あとあととても重要になってきます。1学期の間は、いろいろな形でくり返し練習していきたいところです。

⚠ 計算カードを使うタイミング

計算カードは、計算ができるようになってから！

目的 計算ができるようにするためのものでなく、
計算のスピードをつけるもの

① やさしい問題のカードで、あつかい方に慣れる

カードをめくるにも練習が必要です

計算どころではない子も
あれっ めくれない

うまくいかない子には、
いっしょにめくって教える

こっちの手で持って……
そうか

② 計算の習熟段階では、先生役を作って、班ごとに練習

- ストップウォッチは班の数だけ用意
- ストップウォッチの操作の練習もする
- 慣れてきたら、先生役を順番に回す

よーい スタート！

フラッシュカードの効果的な使い方

プリント練習、個人持ちの計算カードと並んで、習熟の教具として使われるのがフラッシュカードです。ちょっとしたコツを知ることで効果がかなりちがってきます。

すすめ方
フラッシュカードの特徴をよく考えて扱う

○フラッシュカードの特性をいかす

フラッシュカードは子どもが持っている計算カードとちがい、教師がカードをめくっていくので、子どもの反応やまちがいの具合によって、やり直したり、戻ったりできるという特長があります。

逆に、まだ計算の理解が不十分な段階では、子どもの意識がそろわないので、やり直したり、戻ったりが多くなって、テンポよく進めず、使いにくいともいえます。クラスの実態に合った使い方に気をつけます。

○カードの枚数、内容を調整する

子どもたちの答えるテンポがあまりよくないときは、枚数を少なくして同じカードをくり返したり、「＋１」「－１」などのやさしいカードだけを使って慣れさせたりという練習も有効です。

ポイント・工夫
「算数の始まりはフラッシュカード」と決めてしまおう

授業の始まりに、クラス全員で一つのものを見ることになるので、全体を集中させる手立てにもなります。「算数の始まりはフラッシュカード」と決めてしまうと継続しやすくなります。

まとめや次への見通し

①子どもの状態によって、カードの枚数、計算の種類などは変えていきます。ただし、変えていくペースはゆっくりめに。テンポのよい状態でできること自体にも学級経営上は価値があります。

フラッシュカードは

- 計算習熟の教具
- ペースが自在

習熟すればテンポよく進む

◎ ペースを教師がコントロール

◎ だからかえって習熟ができていないと…

そういうときは、数や内容の調節も実態に合わせて

作文３◎自力で書く

自分で書くことを決めて、書く段階です。観察カードに書くことや観察することにはかなり慣れてきているでしょう。何を書いたらよいのかまったくわからないという子は、少ないはずですが、そんな子にはどんどんアドバイスを与えます。

すすめ方

発表してから書かせる

○観察したことを発表させる

これまでは、観察してきたことを教室で発表しましたが、ここでは外で観察しながら進めます。

「花が３つさいています」「花は中が白くなっています」などと発表させます。「そうですね。それを書きなさい」と、どんどん発表させていって、認めます。

いきなり書かせると、観察して見つけたことはあっても、「赤かった」とだけ書くように、文章がまったくできていないために、書き直しということになりかねません。

○自分で書くことを考えさせる

一通りの内容が発表されたら、「後は、発表しなくていいから、書いていきなさい」と指示します。ただし、「自信がない人は、先生が聞きますよ」と不安な子への対応もします。

また、「自分が見つけたことと、同じことを発表した子がいたら、それを書いてもいいですよ」と確認します。

ポイント・工夫

教師は子どもの発表をメモしておく

発表を聞きながら、内容をメモしておくと、「書くことがわからない」という子の参考に示すことができます。中点を使った箇条書きは、他の場面でも活用できますので、定着させておきましょう。

まとめや次への見通し

①生活の時間の観察と平行しての作文指導なので、アサガオを使いましたが、もしはっきりとした変化がなければ、他の植物などの観察をはさんでもよいでしょう。

観察カードを使った作文指導の流れ

第1段階	教室で板書をそのまま写す（5月）
第2段階	教室で板書されたものを選んで写す（6月）
第3段階	外で発表したことを書く（7月）

① 発表する

よし、それを書こう
つるが出ていました
花の中が白いです

② 書く

ホワイトボードや画用紙を用意

出た意見をメモしておき、書くことがわからない子に見せる

・つるが出ていた
・つるが ——
・つぼみが ——
他の子の意見でも同じだと思ったら書いてもいいですよ
つるはぼくのも出ている
つぼみはいっしょだ

上手読み１◎読解とともに

読み取ったことを音読に表すことを「朗読」「表現読み」などと言います。ここでは、１年生の子どもにわかりやすいように、「上手読み」と呼ぶことにします。１年生でもちょっとしたコツで「上手読み」ができます。２学期に入ったら挑戦しましょう。

すすめ方 登場人物について話し合い、表現にいかす

○すらすら読めることが前提

連れ読み（12ページ)、交代読み（62ページ）などですらすら読めるようにします。

○登場人物について読み取る

音読の前に、話に出てくる登場人物について、年齢・体の大きさなどを話し合います。

おじいさんなら少し低めのゆっくりした声、ねずみなら高めで小さくやや早口など、実際にいろいろな声を出しながらイメージを固めていきます。

さらに、上手読みをする部分でその登場人物が、喜んでいるのか、悲しんでいるのかなども押さえていきます。

○会話部分で上手読みをする

上述のことを確認したうえで、会話部分を読んでいきます。

「ここは、おじいさんのことばだね。おじいさんって、どんな声だった？」などと質問しながら読ませると、子どもなりに読み方が変わってきます。

ポイント・工夫 子どもなりのイメージでよしとする

音読を通してイメージ化することが目的です。１年生では、まだ「おじいさんの声」といっても、できない子がいるかもしれません。子どもなりに、イメージをふくらませて読んでいればそれでよしとします。

まとめや次への見通し

①まず、教材文がスムーズに読めていることが前提条件のとりくみです。できていなければ、すらすら読みの時間を多めにとって練習します。
②次項で「上手読み」の二つ目のコツを紹介します。

すらすら読めることが前提

① 登場人物についてのイメージをつくろう

出てくるのは
何年生？
一年生です

「おうい。」ってどんなふうに言ったんだろう？

「おおきな声で」

「よぶみたいに」

「両手を口の横にあてて」

「元気に」

「みんなでそろえて」

② 実際に声を出してみる

どんな声かな？

上手読み２◎間を教える

上手読みをするコツの一つが「間」（ま）の取り方です。子どもは、ふつう間をあまり取らず、続けて読みがちです。間を取ると、読み手の意識が変わり、聞いている方はわかりやすくなります。

どこであけるか、いくつあけるか決める

すすめ方

◯間をあけたときとそうでないときのちがいを感じさせる

教材文を例にして、間を取らずに同じ調子で読み続けた場合と、十分に間を取って読んだ場合のちがいについて、教師が読んでみせて感じさせます。

「どっちがよくわかった？」と尋ねれば、「あとの方（間を取った方）」と答えるでしょう。ここで「間」を教えます。

◯教材文で練習する

- 題名の後はうんとあける。
- 会話の前と後はあける。
- 句点の後はあける。

といった原則を教えます。

子どもは、自分で思っているより間を短く取るものです。「題名の後は３つあけてみよう」などと決めて、「1，2，3」と実際に数えてやれば、わかりやすいでしょう。

上手に間が取れた子を評価する

ポイント・工夫

「間」を取るだけで、聞いている側の印象は大きく変わってきます。うまく間を取れていた子どもの読みについて、「しっかり間が取れていたから、すごく上手だったね」と全員に印象づけます。

まとめや次への見通し

①９月以降の教材文でも、同じように間を取らせていけば、無理なく定着します。

◎「間」って何？　くらべることで感じさせる

① わざと「おうい」の部分を他の文とつないで読む

先生が読んでみるからみんなよく聞いてね
みんなは大きなこえで「おうい。」とよびました。
フーン…

② 今度は「おうい」の前後に大きな間を取って読む

わかりやすいな
みんなは、大きなこえで「おうい。」とよびました。

◎ 間を意識して練習する

題のあとは2つあけるよ
一、二…
くじらぐも四じかんめのことです
もっともっとあけて

☆ 子どもの間は短くなるのが普通

☆ 説明してもつい短くなってしまうので、くり返し練習させる

上手読み３◎動作と声の工夫を教える

動作化というと、劇を思い浮かべるかもしれませんが、上手読みの中での「動作化」は、そんな大きな動きを必要としません。きちんと文章を読み取った後で、その内容にそった動きであれば、ほんの少しの動作でも読みが大きく変わってきます。

読み取りから動作を考える

すすめ方

○登場人物の様子からその動きを読み取る

何かを見つけて、不思議がっている「あれぇ。」なら、首をひねっているかもしれません。となりの子に呼びかけている「ねえ。」なら、となりの子の方を向いているでしょう。

○登場人物の動きをしながら、会話部分を読む

音読の手助けとしての動きなので、おおげさに動くことはかえって、読みに集中しにくくしかねません。

ほんの１センチでも２センチでも構わないので、首をひねる、となりの子の方を向く、という動きをしながら、読むように指導するとずいぶんと読みが変わってきます。

このとき、会話部分の前で間を取り、そこで動作を入れるように指導します。間を取り、動作で姿勢も変わることで、声についての意識ももちやすくなります。

録音して聞き比べを

ポイント・工夫

「上手読み１」「上手読み２」の項目でとりあげた、読み取ったこと、登場人物の様子、間も忘れずにやらせます。ＩＣレコーダーなどを使って、上手読みに入る前と後の音読を録音して、子どもに聞き比べさせるとよくわかります。

まとめや次への見通し

①音読発表会や参観日などで練習した成果を発揮する場が設定できれば、意欲もいっそう高まるでしょう。

◎ 登場人物がどんな動きをしていたかを、みんなで考える

「おうい。」のとき、子どもたちは
どんなことをしていたかな？
手をふっていた
体を前に
かたむけて
いた

◎ 簡単な動きをつけて読んでみる

では、少し体を前にかたむけてみようか
「お――い。」

動作のポイント

- 動きはほんの少しでよい（劇ではない）
- 読み取った内容から考えた動きをする（読解と音読の連動）
- 声が変わっていることをほめ、まわりの子にも広げる

漢字1◎出会いを楽しく

高学年になると苦手意識を持つ子が増える漢字ですが、1年生の多くの子は漢字を習うことに期待感を持っています。自然に楽しく漢字と出会わせたいものです。

すすめ方

興味を引き出し、広げる工夫

○夏休み中に教室の掲示物に漢字を入れておく

たとえば、日付を書く場所に、曜日の漢字カードを貼ります。教科もふりがなつきの漢字で表記されたカードに換えます。クラスの子どもの名前も、ふりがなつきで漢字で表示しておくなどが考えられます。

○1年生の配当漢字表を掲示する

漢字学習の最初の時間に、1年生の配当漢字80字の載った表を見せます。きっと子どもたちは、「この字知ってる！」「○○ちゃんの名前がある！」などと、大はしゃぎで見ることでしょう。

印刷して一人ずつに配れば、習った字に印をつけるなどして活用する子も出てくるでしょう。

ポイント・工夫

配当漢字とか教育漢字という枠にこだわらず

興味づけなので、教室に掲示する漢字は、1年生の配当漢字に限らなくてもかまいません。とくに名前の漢字は、教育漢字に入っていない場合があります。ふりがなをつけておけば、「藤は、草と同じところがあるね」と刺激になります。

まとめや次への見通し

①1日1字などと一定のペースで進めると遅れることなく学習が進みます。

子どもたちの期待に応える演出を

① 掲示物に漢字を使う

例）曜日　時間割カード
　　給食当番表の子どもの名前　教師の名前…

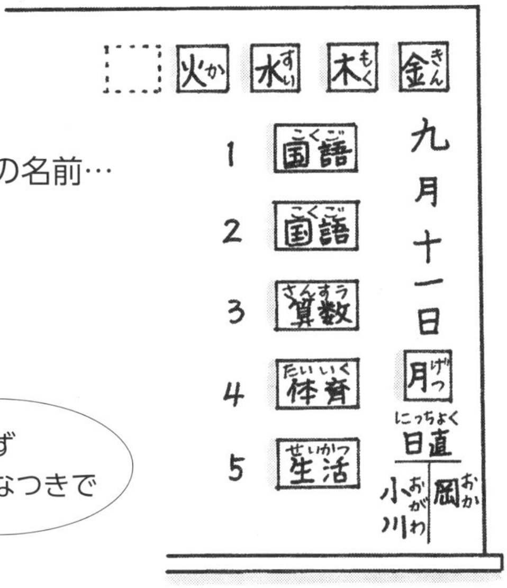

火《か》 水《すい》 木《もく》 金《きん》
1 国語《こくご》
2 国語《こくご》
3 算数《さんすう》
4 体育《たいいく》
5 生活《せいかつ》
九月十一日
月《げつ》
日直《にっちょく》
小川《おがわ》
岡《おか》

かならず
ふりがなつきで
給食当番《きゅうしょくとうばん》
おかず大
おかず小
山下《やました》
渡辺《わたなべ》
海上《かいじょう》
川西《かわにし》

- 夏休み中につくりかえておく
- １年生で学習しない漢字も使って刺激する

② １年生の漢字配当表を活用する

- 一人ひとりに配ってもよい

この字も
この字も
ならったね
これも
知ってる
休
火
見

視写を作品として仕上げる

1学期に、段階を追って指導を続けてきた視写ですが、少し手を加えれば、作品としても残せます。ひらがな指導や読解の成果として、位置づけてとりくみます。

すすめ方

使用済の紙の裏で練習してから

○物語文の好きなところを選ばせる

物語文の学習がひと通り終わった段階で、子どもの「好きなところ」に線を引かせます。最初は「好きなところ」と言われてもよくわからないと思います。それでも、一度経験するとイメージができて、次からは意欲的に選ぶようになります。

○下書きをする

高学年でも同じですが、白い紙に自由に書きなさいと言われると、端に寄りすぎたり、字が小さすぎたりしがちです。反故紙の裏を使って、気軽に下書きをさせてみます。それを確認させながら、字のバランスなどを指導すれば、1年生なりに理解できます。

○清書をする

清書は、鉛筆で書いた後、サインペンでなぞるとよいでしょう。色鉛筆でイラストを入れ、色画用紙を台紙にすると、より作品らしくなり掲示もできます。

ポイント・工夫

どこを書くかイメージをもたせて

好きなところと言われても、なかなかイメージがもてない子どももいます。教師は「書きたい文を一つ」などと量を限定して「好きなところ」のイメージをもたせます。

● まとめや次への見通し

①初めての場合はどんなものができるのか、子どもはイメージがもてずにいますが、1年を通しくり返しとりくめば、子どもは「この部分を使おう」「絵を入れよう」などと自然に考えたりして楽しんでとりくめるようになります。

作品の作り方と掲示の仕方

① 教材文の好きなところを選ぶ

複数の候補に線を引かせる
そのなかから一つ選ぶ

② 下書きをする

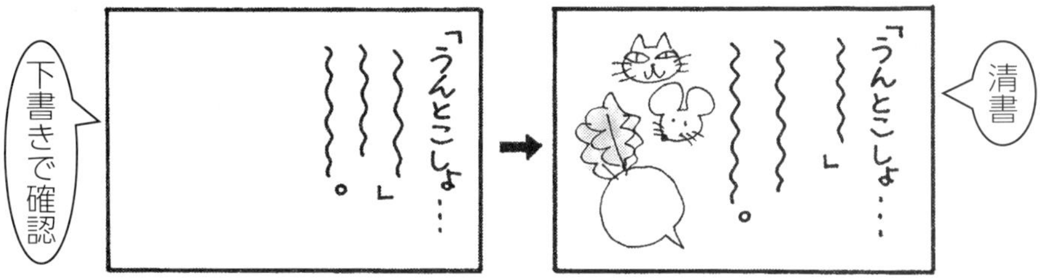

字が小さすぎたり大きすぎたり、端によりすぎが多い

文字の大きさ、行のバランスを考えてイラストも入れる

③ 作品として掲示する

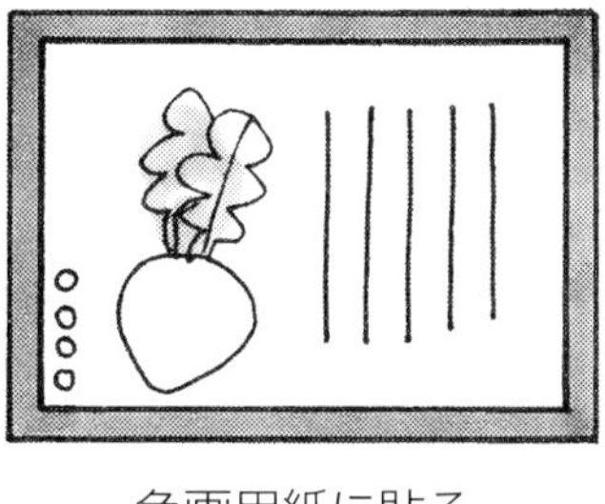

色画用紙に貼る
名前を入れる

授業参観で

作文４◎絵作文

これまでの実践で作文を書くことに抵抗はなくなってきたとはいえ、書く内容に迷う子が多くいます。そこで、「絵作文」を提案します。まず、作文に書こうと思っている場面を、先に絵にするところから始めます。

すすめ方

絵を描く時間は始めの３分できりあげる

○作文の内容となる場面の絵を描く

図画工作の時間の絵とちがって、作文をスムーズに書き出すための手立てです。細かく描く必要はありません。そうはいっても、描き始めると逆になかなか止められない子もいるかもしれません。

そこで、「絵は３分で終わります。途中でもかまいません。作文を書き終わって時間があまっていたら、絵の続きを描くことにします」と説明し、絵にあまり時間を取らせないようにします。

○作文を書く

あらかじめ書く内容は絵に出ているので、すぐに書き出す子が多いはずです。また、作文が書けず困っている子への教師からのアドバイスも、絵が先に描いてあるので、「すべり台のことを書くのかな？」などと声をかけやすくなります。

ポイント・工夫

生活、学級活動、国語…いろいろな場面で

絵の枠は、小さめにします。字のマスは、あまり小さすぎないように気をつけます。私は、Ａ４用紙に12字×12行のマスを作って使っています（右図）。時間は生活科、学級活動、国語の授業時間などいろいろな場面を意識して、工夫して取るようにします。

● まとめや次への見通し

①この段階になると、細かい指導よりも作文を書く経験を増やすことが重要になってきます。大きな行事だけにこだわらず、できるだけ書く時間をとりたいものです。

作文のテーマを絵で焦点化させる

① 絵を先に描く

- かんたんに
- ３分くらい

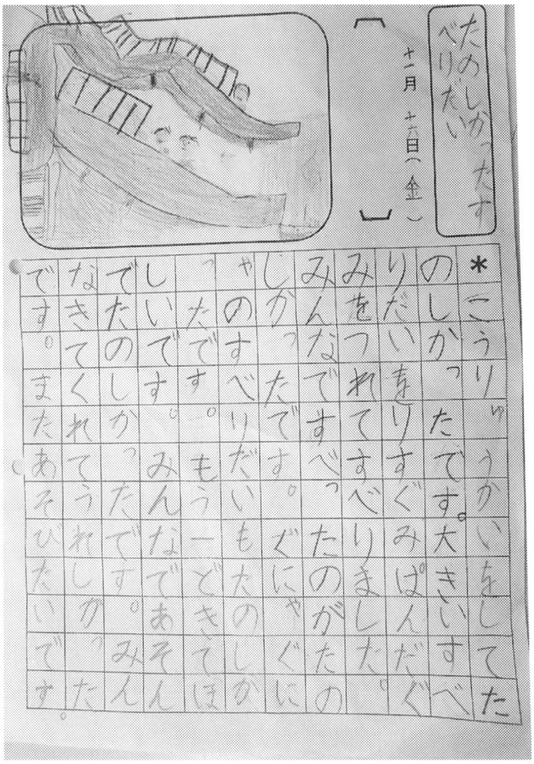

幼稚園との交流会の後で
作文用紙は12字×12行

② 作文を書く

- 絵に描かれたことについて書く
- 書けないでいる子には、絵について尋ねる

定規で線を引く練習

定規は、２年生で長さを測る道具として出てきます。しかし、１年生でも線を引く道具として練習しておけば、いろいろな場面で使えます。逆に、練習する機会が少ないと、高学年で定規を使ってまっすぐに線を引くことが苦手な子も出てきてしまいます。

すすめ方

算数ノートの罫線をなぞって練習

○定規の使い方を教える

- 定規の真ん中辺りを押さえる。
- 線は左から右へ引く。
- 定規の上を使って引く。
- 線を引く位置に鉛筆を合わせてから引く。

といったことができれば、比較的スムーズに線が引けるようになります。

○ノートの罫線をなぞらせてみる

算数ノートの罫線の上を定規を使って、きれいになぞれるか試してみます。数回やれば、うまく上をなぞるコツがわかってくるでしょう。

○点つなぎで図形をつくらせる

９点を四角形に配列した図を用意し、点と点をつなぐ練習をさせます。手本の通りにつくれたら、自分で好きなようにつくってもよいでしょう。

ポイント・工夫

ずれていることを意識させる

１年生の子どもにとって、線がずれたり、ゆがんだりすることはそれほど気になることではありません。指摘して、やり直させなければ、そのままでも平気な子もいるはずです。一人ひとり根気づよく指導します。

まとめや次への見通し

①ノート指導では、文章題の答えや大事なところを強調するときなど、できるだけ定規で線を引く場面をつくって活用します。

◎ 定規の使い方

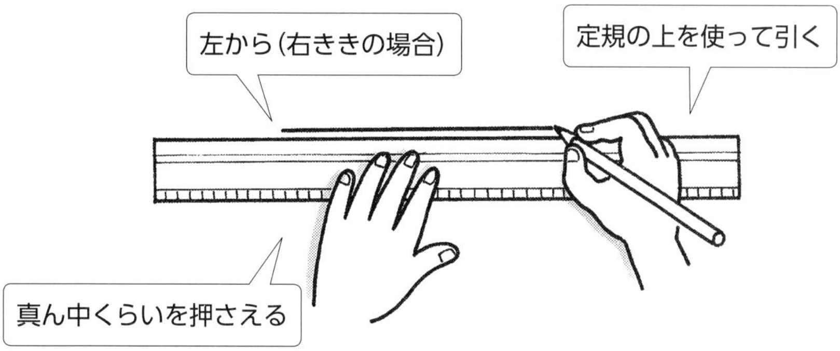
左から（右ききの場合）
定規の上を使って引く
真ん中くらいを押さえる

◎ 練習する

① ノートの罫線の上をなぞる

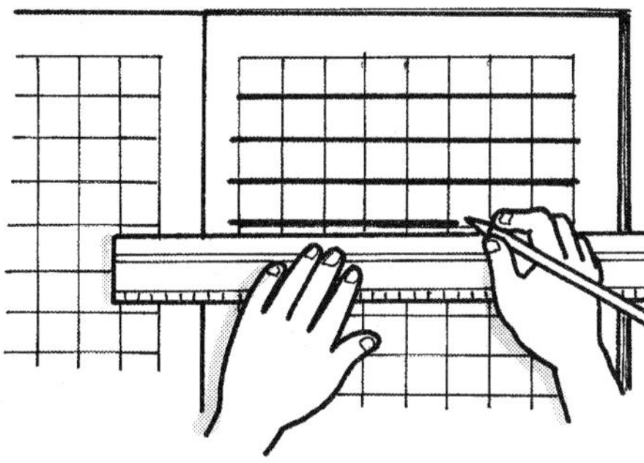

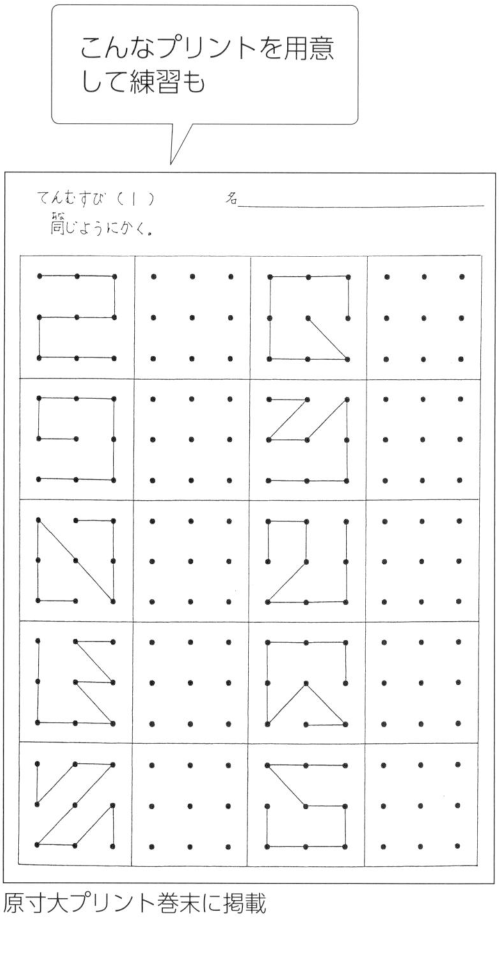
こんなプリントを用意して練習も
てんむすび（１）
名
同じようにかく。
原寸大プリント巻末に掲載

② 点をつなぐ

点の真ん中を通るように声をかけると、
ていねいに線を引く

おすすめの実践

1年生でも俳句

五七五のリズムは、1年生も大好きです。暗誦から始めれば、無理なく作句までできるようになります。

(1)なぜ俳句か

私は、1年生を担任したときでも俳句の指導をします。理由は次の3点です。

最初に、五七五は心地よいリズムだということです。そのため、暗誦やカルタをするだけをしても十分に価値があります。

次に、ちょっとしたコツをつかめば、1年生でも作句ができるからです。

最後に、お話を読んで印象に残った部分を五七五にする、作品に台紙を貼って掲示物にする、カルタをつくるなど、使い方にバリエーションがあるということです。

❶ 暗誦

まずは、暗誦です。暗誦することにより、五七五のリズムが体にしみこんでいきます。そうなると、作句のときにずいぶん抵抗が小さくなります。また、芭蕉や一茶などの俳句を暗誦しているだけでも教養として価値があり、保護者も喜んでくれます。

暗誦といえば、百人一首が浮かびます。しかし、文字数が少なくて覚えやすい、言葉がわかりやすい、という点は俳句のメリットです。

❷ カルタ

私はずっと「俳聖かるた」(俳聖かるたいとうや)を使っています。もちろん、どんなカルタでもかまいません。ポイントは、取り札は、最初(「古池や」)からでなく、途中(「蛙飛び込む」)からになっているということです。

これにより、札を取るときに、続きを思い出すようになり、遊びながらいっそう暗誦が定着します。

(2)俳句を詠む

❶ 穴埋め五七五

暗誦し、カルタで定着したら、いよいよ自分で五七五を作ります。といっても、いきなりは五七五すべてを考え

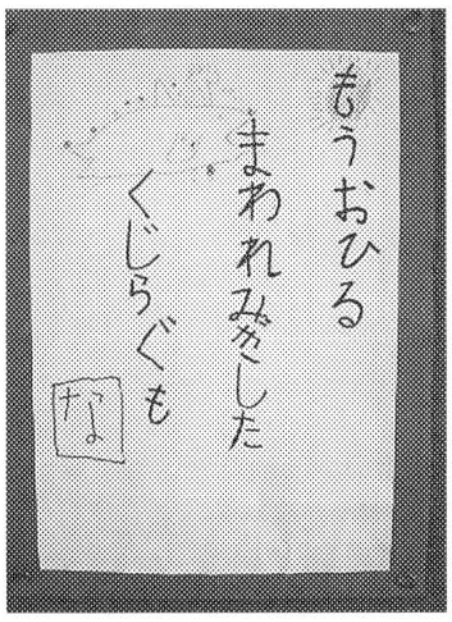

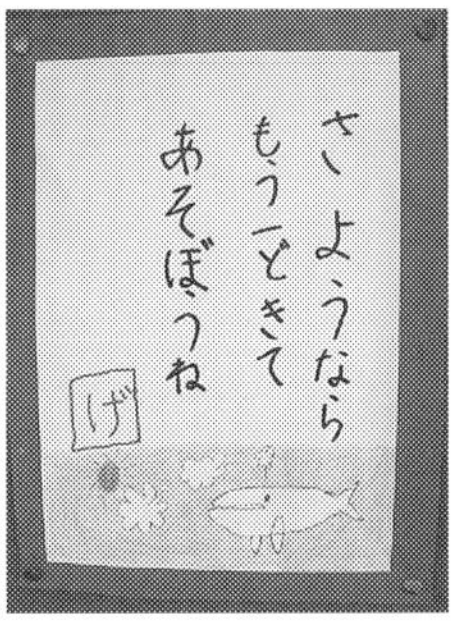

るのは難しいので、最後の五だけ、次に中の七と最後の五というように段階を踏みます。

以下は運動会の後につくる穴埋め五七五です。

はじめての
うんどうかいは
（　　　　　）

（　　　）に入る言葉を考えます。

実際には、次のような言葉が入りました。

- しろのまけ
- あかのかち
- よーいどん
- ふれえふれ

たった５文字ですが、それぞれが運動会のときに喜んだり、残念がったりしている様子を浮かびあがらせます。

次の段階としては、中七・下五の部分も穴あきということもできます。ここまでくれば、あとは季語を教えて外に出れば、子どもたちはきっと自分から指を折って五七五を数え始めるでしょう。

❷ お話五七五

応用編としては、物語の好きな部分を五七五にするということもできます。

「くじらぐも」のお話五七五です。

もうおひる
まわれみぎした
くじらぐも

さようなら
もういちどきて
あそぼうね

白い紙にサインペンでこの五七五を写し、はんこのように名前の一文字を左隅に、赤ペンで書かせます。色画用紙を台紙として貼れば、十分掲示に値する作品になります。

かたかなの指導

線だけを見ると、微妙な曲線や傾きなどが多いひらがなの方がかたかなよりも書くのは難しく思えます。しかし、実際に子どもが書いている字を見ると、かたかなにもまちがいが少なくありません。

すすめ方

かたかなカードを活用する

○「ン」「ソ」「シ」「ツ」の区別を強調する

一番のまちがいは、この４つです。たとえば、「ン」を「ん」、「ソ」を「そ」と重ねて覚えるというような指導で覚えやすくします（右図）。まずは、「この４つのかたかなはまちがいやすい」ということを印象づけるのがよいでしょう。

元の漢字は、曽（そ、ソ）と之（し、シ）と川（つ、ツ）です。他に「ヲ」の筆順もまちがいが多くなるので気をつけます。

○カードで言葉づくり

かたかなカードを班の数だけつくっておくと、いろいろな遊び方ができます。

一つだけ紹介します。カードを５枚表向けに置き、後のカードは裏向けで置きます。１番の人が裏向きのカードから１枚取り、表を向けます。６枚のカードのなかで、言葉ができたら、その人がその言葉のカードをすべて自分のものにできます。

ポイント・工夫

学習時間が短いので意図的に

習ったら使いたいものです。すべてかたかなで文を書かせてみるなどして、楽しみながら慣れさせたいところです。また、かたかなは、いつも使うとは限らないだけに、折に触れて意図的に指導する必要があります。

まとめや次への見通し

①時期は限定されませんが、断続的に復習が必要です。
②かたかなカードを使った言葉づくりの遊びなら、すき間の時間でもできるので、これ以降機会を見つけてはとりくみます。

学習時間が短いかたかなは断続的に練習を

① まちがいやすいかたかなの字形

ん → し → ン
そ → つ → ソ
し → ⺀ → シ
つ → ッ → ツ

- 子どもに左の流れを書かせる
- 1、2回程度の説明では忘れてしまう
- ときどきくり返す

② カードで言葉づくり

まず50音順に並べる
↓
言葉をつくる

③ かたかなカードで遊ぶ

ゲームはなるべく2人組で行う
2人組だと待ち時間が少なく、ルールがより単純になりわかりやすくなる

漢字２◎授業事例

新出漢字の授業の例を紹介します。あくまで例ですので、担任の考え方や子どもの実態などにより、よりよい方法をさぐってください。ここでは市販の漢字ドリルを使って、日直が中心に進める方法をとりあげます。

子ども主導で進める《すすめ方》

○教師が手本を

子ども主導といっても、始めは以下の内容を教師が指導し、子どもたちにイメージをもたせます。

○漢字を読む

日直の指示で進めます（他の子は、日直の指示に対して返事をする）。新出漢字の読みと例文を声に出して読みます。

ここで、担任からのコメントがあれば入れます。「見」なら、「知っている部分があるね。(目)」というように、おもに部分に着目するようなことです。

○書きの練習

筆順通りに指でドリルの漢字をなぞる。次に空中で書きます。教師は、このとき筆順やはねなどにまちがいがないかを確認します。

○鉛筆で書く

漢字ドリルの練習の部分を鉛筆で書く。これも日直の指示に合わせて書き、勝手に進まないように指示します。

慣れてきたら１日２字で進める《ポイント・工夫》

最初のうちは１文字ずつ、慣れてきたら、画数が少ない字や習った字と重なる部分が多い字（大と犬、玉と王など）は、２文字一緒にするなどの調整をします。ていねいに進めることも大切ですが、復習の期間を十分取ることも重要です。

まとめや次への見通し

①可能であれば、２学期中に新出漢字の指導は終え、３学期を復習期間にあてたいところです。その場合、漢字ドリルは、前後期制のものが便利です。

1年生が進める新出漢字の学習

① 教師が指導し、子どもにイメージをもたせる

② 教師がアドバイスしながら、子どもに体験させる

次はなぞりだね

③ 慣れてきたら、完全に日直に任せる

かんじのべんきょうをはじめます
はい

日直の子は緊張感をもってとりくみ、他の子も、言葉に注意して聞くように

④ 1日1字新出漢字の内容

①漢字ドリルを使って、例文を読む

②教師のコメントがあれば、ここで入れる

③書くのは3回

1指でドリルの漢字をなぞる
2空中書きをする
3ドリルに鉛筆で書く

- 自分の顔の前あたりで大きく書く
- 日直の号令に合わせて
- 教師は確認しやすい

1、2
3…

★子どもだけでできるようにしておくと、その間教師は個別指導ができる

漢字３◎定着度をあげる小テストの仕方

１年生の漢字は、以降の学年に比べると定着がよいのが普通です。それでも、なかには漢字が極端に苦手な子がいるかもしれません。そんな子がいる場合は、小テストや復習の仕方を少し工夫するとずいぶんと定着度が変わってきます。

すすめ方

うそテストでリハーサル

○習った字を毎日書かせる

それまでに漢字を10字学習していたら10字、20字なら20字、始めから順に毎日書かせます。読者のなかには「それだけで国語の時間が終わってしまう！」と思う方もいるでしょう。しかし、やってみると子どもは順番も含めて覚えてしまい、意外と短時間でできるものです。試してみる価値はあります。

○うそテストをする

小テストの前日や直前などに、まったく同じ問題を出します。ただし、教科書やドリルを見てもよいことにします。それでもまちがえることはあります。苦手な子にとっては、うそテストであっても、満点を取れればうれしいのです。

○本番の小テストをする

最初は、１字ずつ５問程度が無難です。慣れてくれば、文章でも、10問でも、子どもの実態に合わせて変えていきます。

ポイント・工夫

細かい部分に注意して書けているか

１年生は、機会があるごとに習った漢字を使い、宿題もきちんとチェックしていれば、基本的には定着します。ただし、とめ、はね、はらいなど細かい部分も意識してていねいに書く習慣がついていることが重要です。

まとめや次への見通し

①新出漢字の学習、宿題、小テストがうまく連動して進められていると効果も高くなります。
②へんやつくりをはじめとして、上の学年の学習漢字のもとになる漢字が多数です。１年生の間に確実に定着させたいものです。

新出漢字の学習→宿題→うそテスト→本テストの流れが重要

① 毎日、それまでに習った漢字を全部書く

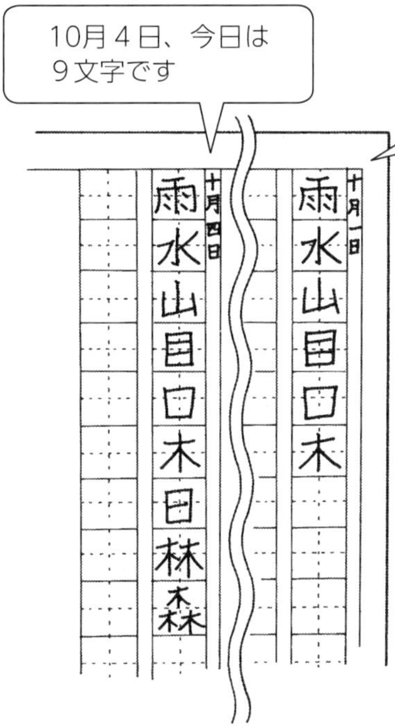
10月４日、今日は
９文字です
十月四日
雨水山目口木田林森
十月一日
雨水山目口木

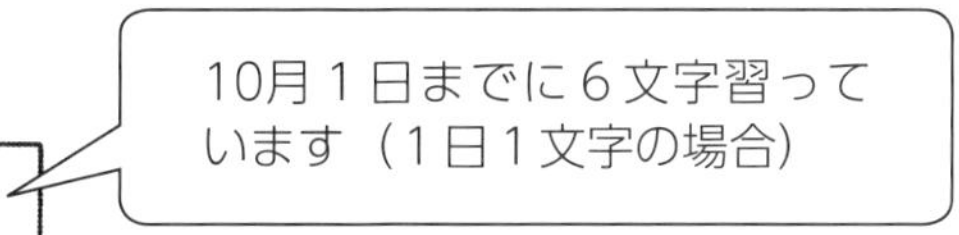
10月１日までに６文字習っています（1日1文字の場合）

- 毎日なので速くなっていく
- 順番も覚えてしまうので、慣れれば意外とスムーズに

② うそテスト

- 教科書やドリルを見てもよい
- うそテストでも、自信になる
- 翌日に、まったく同じ問題を出す

③ 小テスト

- はじめは５問くらいがやりやすい
- 実態に合わせて、問題数や問題文の長さなどを調節

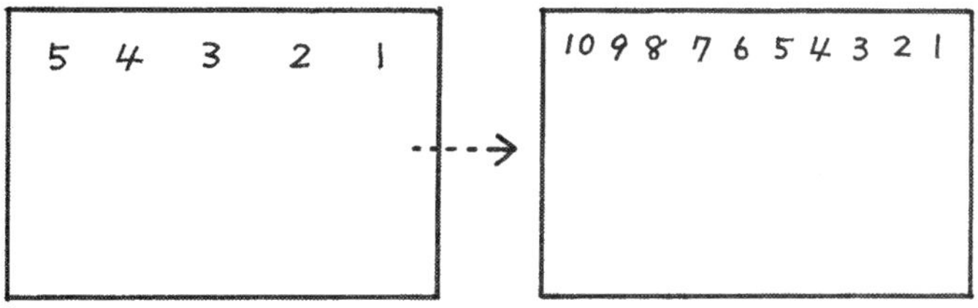
5 4 3 2 1
10 9 8 7 6 5 4 3 2 1

作文５◎日記を宿題にする

担任の方針や作文指導のやり方により、１学期から日記を宿題に出す場合もあります。しかし、６月にひらがなを一通り習ったばかりの子に、すぐに宿題で文を書かせるのは、負担が大きすぎる子もいるかもしれません。２学期から少しずつとりくむのが無難でしょう。

すすめ方

慣れるまで教室で書く練習をする

○宿題に出すノートや原稿用紙と同じもので練習

1年生にとっては、日付を書く場所や、書き出しの位置など一つ一つが大きなことになります。まず、形式的なことで迷わないように、教室で全体に指導しておきます。教室で数回以上は実施し、子どもがほぼ理解できていると確認できてから、実際に宿題に出します。

○テーマを探す練習をする

形式はもちろんですが、子どもにとってまず難しいのは、「何を書いたらよいのかわからない」ということです。「何でもいい」と言われてさっとできるのは、得意な子だけです。

最初は、全員で、その日にあったことから共通のテーマを選んで書き、次は、複数から選択、最後に自分でテーマを決めるという段階をへます。

観察カードと同じ流れです。

ポイント・工夫

テーマが思いつかない子への援助

ていねいに指導しても、できない子はいるものです。「わからない子は、今日だったら体育のドッジボールのことがいいよ」などとアドバイスをします。表記の訂正などについては、書くことの抵抗が少なくなってからでも十分です。

● まとめや次への見通し

①日記を宿題に出すからには、３か月や半年は継続する計画でスタートしましょう。

◎ 形式に慣れる

10/20(月)
ここにかくのか
一行目に月日を書きます

◎ テーマを探す練習

① はじめは共通のテーマ

例：運動会の練習

今日は 何を書いたらいいかな？
運動会の練習！
ああ、そうだ

② 慣れたら自分でテーマを決める

例：生活科
　　まちたんけん
　休み時間
　　ドッジボール

どうしますか？
わたしは 生活の まちたんけん
ぼくは休み時間の ドッジボール

③ それでも悩んでいる子には？　ちょっとアドバイス

例：ほめられたこと

今日の朝のあいさつ、「よくできました」と、先生に ほめられたよね。
！

３つの数の計算◎補助数字を使う

３つの数の計算は、大人にとっては簡単な計算に見えます。しかし、１年生には混乱しやすい内容です。クラスで補助数字の書き方と使い方をきちんと決め、徹底することでこの混乱がなくなります。

計算

すすめ方
補助数字ははっきり大きく書かせる

○２つの式で確認する

３＋２＋４であれば、「３＋２＝５→５＋４＝９」 ということをブロックなどの操作も交えながら確認します。

○補助数字をはっきりと書く

最初の計算の「３＋２」の答えである「５」を、はっきりと書かせます。書き方は、クラスで決めてもよいでしょう。ただし、

- 他の数字と同じくらい大きくはっきり書く。
- 書く場所も「たす数（上記の場合なら「２」）の下」などときちんと決めておく。
- 当分は、補助数字まで正しく書けていて正解とする。

などして、必ず書くことを徹底します。

○たし算、ひき算を混ぜたタイプの計算をする

たし算とひき算が混じると、なお混乱しやすくなります。補助数字を書き、しっかり式を確認しながら計算することを習慣づけます。

ポイント・工夫
補助数字はしばらく全員に書かせる

計算が得意な子は、「（補助数字なんか）書かなくてもできる！」ということでしょう。しかし、「できる人も、しばらくは必ず補助数字を書くことにします」としておいた方が、苦手な子のためにもよいでしょう。

まとめや次への見通し

①補助数字をきちんと書くことは、次のくり上がり・くり下がりの計算でいきてきます。

◎ こんなまちがいも…

× 3＋2＋4＝6 「2＋4」だけでしている

× 3＋2＋4＝5 「＋4」を忘れている

よく
あります

◎ 補助数字も書き方を統一する

3＋2＋4＝9
5
しばらくみんなに書いてもらいます
言ったことをきちんとできているかも見ます
書かなくてもできるのに

- はっきり大きく書く
- 全員に書かせる
- ほぼできていると判断したら、あえて補助数字無しにも挑戦させてみる

◎ いずれは

3＋2＋4＝9 - - - - → 簡単にしたり
　　5

3＋2＋4＝9 - - - - → 無しにしてみる

難関！くり上がりのたし算

１年生の算数の難関、くり上がりに入ります。これができないと、学年が進んだ後必ず苦労します。また、「何とかできる」程度で終えた場合も、指を使って数えることになりがちです。５月から練習してきた、10の分解・合成の力が発揮される場面です。

すすめ方

補助記号とネーミングでテンポよく練習

○くり上がりの考え方を理解する

右ページのような、10の固まりを使ったくり上がりの計算を説明します。「10の固まり＝たまご（例）」を使うことを強調します。

○補助記号とくり上がりの操作を一致させる

補助記号は、この学習に入る前に、シンプルで明快なものに決めておきます。私が使っているものを右にのせていますので、参考にしてください。ネーミングはクラスで決めると愛着がわくでしょう。補助記号を書くタイミングも授業のなかで決めます。

○10の固まりを使ったやり方で練習する

補助記号を使った10の固まりでの計算の仕方を身につけることがねらいです。練習問題や宿題でもしばらくは、必ず補助記号を書かせるようにします。テストや宿題でも、補助記号を含めて正解とすると定着しやすくなります。

ポイント・工夫

10の固まりを常に意識して

補助記号をきちんと書かせて、10の固まりをイメージした考え方に習熟させたいところです。これは計算カードを使った練習に入っても、教師が頭に置いておきたいポイントです。

まとめや次への見通し

①くり上がりが理解できても、いざとなると指で数えたしをしているということがよくあります。できれば、学年が終わるまで、少なくとも２学期いっぱいは十分に練習をくり返したいところです。

「10の固まり」がイメージできれば、乗り越えられる

① くり上がりの補助記号の例とネーミング

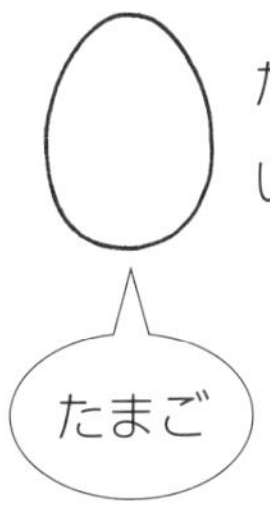

たまごの中は
いつも「10」

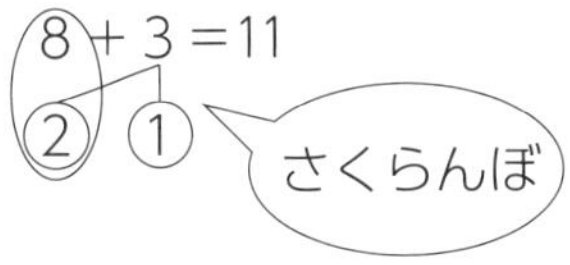

- ネーミングは、クラスで決めると覚えやすくなる
- 「(補助記号を) 書かなくてもできる」と言う子がいても「きちんと記号が書けるかどうかも見せてね」などと言って、当分の間全員が必ず書くように統一する

② 使い方

8 + 3 =　　「たまご」の中は「10」だから

8 + 3 =
2　　「2」が入る

8 + 3 =
2　　「さくらんぼ」で「3」を分けて

8 + 3 =
2 1　　「1」

8 + 3 = 11
2 1　　たまごの10と1で……11

※教科書によっては…

(啓林館のとりあげ方)

4 + 7
6　1

- 4に6をたして10
- 10と1で11

(東京書籍のとりあげ文)

9 + 5
10 1　4

- 9はあと1で10
- 5を1と4に分ける
- 9と1をたして10
- 10と4で14

くり上がりのたし算と指の使用

くり上がりの計算は、10の固まりをきちんと理解し、練習をくり返せば、徐々に速くなってくるはずです。しかし、頭の中で10の固まりをイメージすることが苦手で、なかなか上達しない子もいます。そんなときには指を使うことも効果があります。

すすめ方

ブロック代わりに指を使う

○ 10の固まりを使ったくり上がりの方法を確認する

「指を使ってもいい」というと、7＋4であれば、指を7本だし、「8，9，10，11」とする数えたしになってしまうこともあります。そうではなく、10の固まりを使うことを確認します。

「7＋4」の場合、ブロックを7個と4個並べます。

「7」は、あと「3」で「10」になることを確認し、4個のブロックからそのうちの「3」を動かして「10」にします。答えは「11」となります。

○指を使って計算する

同じ「7＋4」を今度は指を使ってやります。指を4本出します。「7が10になるのは？」「3」と確認し、4本のうちの3本の指を折ります。残りは、1本なので、「11」となります。

ポイント・工夫

堂々と指を使わせる

子どもは指を使うことに罪悪感や劣等感を持っている場合があります。だから、机の下で隠れてする子もいるのです。「これは、10の固まりのための指の使い方だからブロックと同じだよ」と安心させます。

● まとめや次への見通し

①あくまで、頭の中で10の固まりがイメージできるまでの手立てです。徐々に、指を使わずにできるようにうながします。

「10の固まり」がイメージできるかが最大ポイント！

① 頭の中で10の固まりをイメージすることが苦手な子

② 10の固まりを意識した指の使い方

7＋4

・「4」を出す

・「7と何で10？」「3」

・「11」

3本指をおって

ではもう１回します。

7＋6では

・「6」を出す

・「7と何で10？」「3」

・「13」

3本指をおって

何回か教えれば上のやり方ができるようになる

が！

何も指導しないと、数えたしになってしまう

7＋4

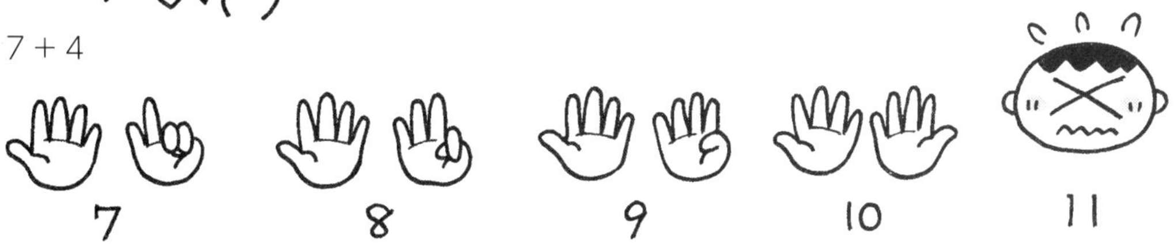

数えたしの例： 7を出して　　１つずつ折っていく ――→ 指が足りない！

くり下がりのひき算

ひき算は、たし算よりも苦手とする子どもが多いようです。しかし、10の固まりを使った考え方が理解できれば、くり上がりよりもスムーズにできます。10の分解・合成や答えが１桁の計算が十分に定着していれば、「計算が得意になった」と感じるでしょう。

すすめ方
楽しいネーミングでテンポよく

○くり下がりの考え方を説明する

くり上がりと同じように、ブロックなどを使って、10の固まりを使った考え方を説明します。ここでのポイントは、計算の答えが出ることではなく、10の固まりを使った考え方が理解できることです。

○補助記号の使い方を指導する

すでに、くり上がりで使っているクラスで決めた記号とネーミングをそのまま使います。

○習熟させる

くり返しになりますが、補助記号を使いこなすことで10の固まりの考え方を使うことになり、上の学年でも応用できるようになります。その視点を忘れずに習熟させることをめざしましょう。

ポイント・工夫
10の固まりを意識させる

10の固まりの考え方をすることで、「計算が簡単にできる」と実感させられれば成功したも同然です。最初に、くり下がりの説明をしたときに、数えたしと比較して、「ほら、簡単だね！」と、メリットを印象づけましょう。

まとめや次への見通し

①くり上がりの習熟がある程度できてから、くり下がりの計算カードに入るのが、無難でしょう。その場合、くり下がりの習熟は後になるので、３学期も続けて行う必要があります。

「10の固まり」のイメージから計算習熟へ

「12」は

① くり下がりの補助記号の例とネーミング

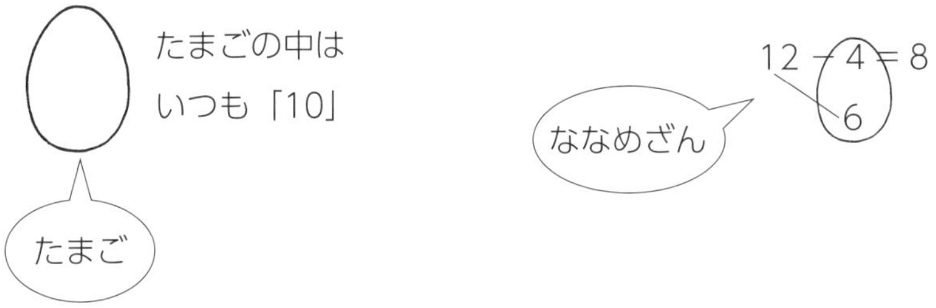
たまごの中は
いつも「10」
たまご
ななめざん
12 − 4 = 8
6

② 使い方

12 − 4 =	たまごの中は「10」だから
12 − 4 = 6	「6」が入る
12 − 4 = 6	「ななめたしざん」で「2」と「6」をたす
12 − 4 = 8 6	

- くり上がり、くり下がりを意識して１学期から「10の合成・分解」の練習を続けておく
- 練習量が足りなければ３学期も少しずつ続ける
- 「11、10、9、8」と１つずつ数えて引くよりも簡単だということを最初から印象づけると効果的！

11月・計算

交換読み

交換読みは、二人組で教科書を交換する音読です。音読するだけでなく、相手の音読のまちがいをチェックするため、かなり難しくなります。その分、緊張感が生まれ、読む側も聞く側もより質の高い学習が成立します。

すすめ方

二人で音読力を高め合う

○教科書を交換する

まちがえた部分にチェックを書き入れるため、教科書を交換し、互いに相手の教科書を持ちます。音読する順番を決め、あとで音読する子は鉛筆を持ち、相手の音読を聞く用意をします。

○音読する

一人が音読をしている間、もう一人はその音読を聞きます。まちがいがあったら鉛筆で教科書のその部分にチェックを入れます。

読む子どもには、「自分のためだけに聞いてもらうんだから、一生懸命読みましょう」と声をかけます。聞く子どもには、「相手の子が宿題で音読するときに、『このチェックのおかげで、気をつけて読んで、うまくなった』と思ってもらえるように、親切な気持ちでチェックしましょう」と言います。

時間で区切って、読み手と聞き手を交代します。

ポイント・工夫

すらすら読めるようになってから

交換読みは、それぞれの意識が重要です。チェックは、まちがえずに読めるようになったら消せる程度の書き方を指導します。１年生にとっては、高度な学習ですので、教科書がすらすら読めるレベルになってから始めましょう。

まとめや次への見通し

①１年生には２学期の後半くらいからが無理なくとりくめるでしょう。
②交換読みができるようになれば、その後の音読練習の中心にできます。

質の高い学習を成立させる交換読み

① 教科書を交換する

お願いします

注意

- 親切な気持ちでチェックする
- 聞いてくれてありがとう、という気持ちで読む
- 「お願いします」で始め、「ありがとう」で終わる
- ある程度すらすら読めるようになってからとりくむ

② 一人が音読し、もう一人がチェックする

けれども、かぶがぬけません。
かぶ「は」とまちがえた
チェック!

③ おとなりさんのまちがいが無しだった人?

すごいね
すばらしい!

作文６◎黒板作文

ある程度書き慣れてきたら、自分でまちがいを直すことも練習させましょう。原稿用紙に書いた作文を子ども自身が黒板に写し、それをみんなで読むという実践です。

すすめ方

みんなで作文を練り上げる

○原稿用紙に書いた作文を黒板に写す

あらかじめ黒板に罫線を引いておきます。すでに原稿用紙に書いていた100～150字程度の作文を３、４人が一斉に書きます。黒板に書く際にまちがっていた部分に気がついたときは、直してもよいことにします。

○みんなで推敲する

書かれた作文を全員で声を出して読みます。次に、ふだん指導している内容にそって評価していきます。ポイントの例は右図の通りです。

赤チョークで１項目につき○を１個重ねていきます。６個になった場合は花丸などと決めておくとよいでしょう。

○子どもに評価させる

やり方に慣れてきたら、「1マスあけができています」「3行目の『お』は、くっつきの『を』のまちがいだと思います」などと子ども同士で指摘し合えるようになります。

ポイント・工夫

罫線入りの黒板を使う

子どもにとって黒板にチョークで書くことはかなり難しいことです。罫線入りの黒板ならば書きやすいのですが、そうでなければ油性マジックで線を引いておくと便利です。専用の汚れ落としを使えばきれいに消えるので心配はいりません。

まとめや次への見通し

①一人何回かは割り当てたいところです。黒板作文の時間も計画的にとりいれます。慣れてくれば、黒板に書く時間も短くなっていきます。

②子どもの実態によっては２学期からでも始められます。

クラス全員で推敲する作文学習

① 作文を写す

自分の作文をマグネットで貼り、見ながら書く
なわ

② 読む

した。
なわとびをしました。
はじめは
うまく…

③ 評価する

- 一マスあけ
- 「、」「。」
- をはへ
- かん字
- くわしく（なまえ・すうじ）

- 指導したことを書き加えていく
- 作文のときは、基準の例を黒板に貼り、子どもに意識させるようにする

⬇

一マスあけができています
マル二つめですね
「二かいとべた」と書いてあります
6個目なので花丸です

漢字４◎総復習

漢字が苦手な子の場合、３年生以上になるとかなり厳しくなってきます。ただし、そんな子でも、１年生の漢字なら練習次第でほぼ書けるようになる場合がほとんどです。何とか、「1 年生の漢字はできた」と思って進級させてやりたいものです。

すすめ方

１字プリントなら苦手な子も伸びが実感できる

○１字のプリントを使う

熟語にすると問題数が少なくなり、採点もしやすくなります。しかし、漢字が苦手な子どもにとっては、熟語で答えることは、それだけハードルが高くなります。

総復習は、まずは苦手な子に合わせてスタートしましょう。

「学校」ならば、「学」と「校」を１個ずつ問題にする「１字」のパターンがよいでしょう。

これならば、たくさんまちがえている子も、１字１字の練習がくり返しやすく、練習するごとにどんどん正解数が増えていくのが実感できるはずです。

○熟語の復習をする

１字がある程度できていれば、熟語での漢字復習もスムーズに進みます。

ポイント・工夫

漢字定着９割以上で２年生へ

１年生の配当漢字は 80 字です。40 字ずつのプリントを作っても２枚ですみます。ぜひ、何度もくり返して全員満点をめざしたいところです。少なくとも９割以上はできるようにしてやりましょう。

まとめや次への見通し

①総復習だからといって、３月になって始めると間に合わず、定着が不十分のままに１年生が終わってしまいかねません。総復習はできれば、２月から始めましょう。

総復習は苦手な子に合わせてスタートしよう

① とりくむのは朝の学習タイム

学年でそろえてできるとなおよい

1枚40字にすれば、プリント2枚に1年の全配当漢字が入る

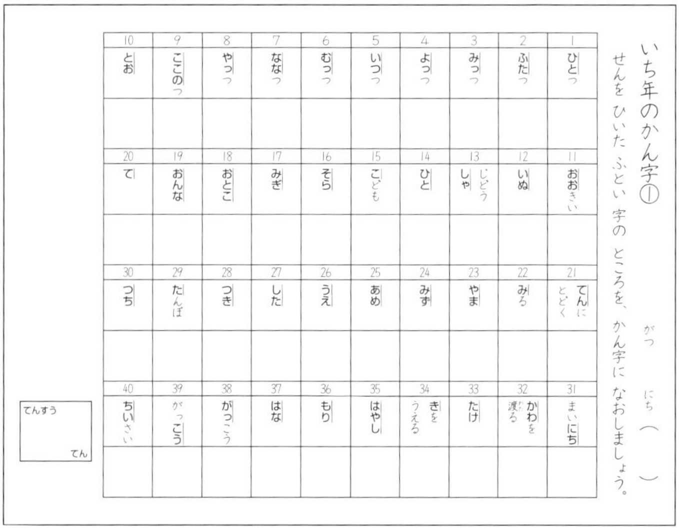
いち年のかん字①

せんを ひいた ふとい 字の ところを、かん字に なおしましょう。

がつ にち（ ）

1 ひとつ　2 ふたつ　3 みっつ　4 よっつ　5 いつつ　6 むっつ　7 ななつ　8 やっつ　9 ここのつ　10 とお

11 おおきい　12 いぬ　13 じどうしゃ　14 ひと　15 こども　16 そら　17 みぎ　18 おとこ　19 おんな　20 て

21 てんに とどく　22 みる　23 やま　24 みず　25 あめ　26 うえ　27 した　28 つき　29 たんぼ　30 つち

31 まいにち　32 かわを 渡《わた》る　33 たけ　34 きを うえる　35 はやし　36 もり　37 はな　38 がっこう　39 がっこう　40 ちいさい

てんすう　てん

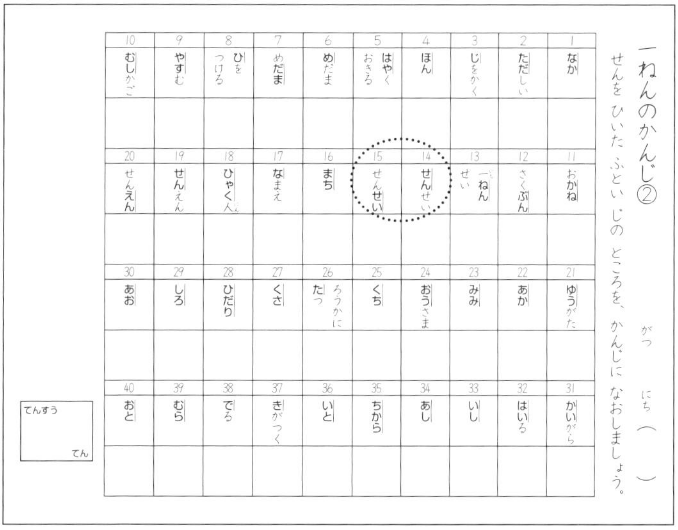
一ねんのかんじ②

せんを ひいた ふとい じの ところを、かんじに なおしましょう。

がつ にち（ ）

1 なか　2 ただしい　3 じを かく　4 ほん　5 はやく おきる　6 めだま　7 めだま　8 ひを つける　9 やすむ　10 むしかご

11 おかね　12 さくぶん　13 一《い》ねんせい　14 せんせい　15 せんせい　16 まち　17 なまえ　18 ひゃく人《にん》　19 せんえん　20 せんえん

21 ゆうがた　22 あか　23 みみ　24 おうさま　25 くち　26 ろうかに たつ　27 くさ　28 ひだり　29 しろ　30 あお

31 かいがら　32 はいる　33 いし　34 あし　35 ちから　36 いと　37 きが つく　38 でる　39 むら　40 おと

てんすう　てん

※原寸大プリント巻末に掲載

② 1字プリントの特長

- 苦手な子どもでも点が取りやすい
- 伸びがわかりやすい
- くり返し練習しやすい

計算総復習

１年生の計算には、複雑なものはありません。ただし、「だいたいできる」ではなく、「完璧にできる」ようでないと、２年生以降で困ることになります。総復習で少しでも計算の正しさと速さの向上をめざします。

すすめ方

２月から始めて時間を効率的に使う工夫を

○総復習の期間を設定する

総復習というと３月でよいように思いますが、実は３月というのはあまり時間がありません。最後の仕上げや物の整理にも時間を取られます。「やろうと思っていたが、時間がなかった」ということになりがちです。

総復習は２月から始めるように計画していきます。

○帯時間でもよい

45分すべてを復習にあてる時間があってもよいのですが、習熟をめざすには10分~15分でもよいので継続的にとりくむ方が有効です。

この時期の算数の授業は、復習から始める算数係の子が最初にプリントを配るなどをクラスで決めてしまうと時間も効率的に使えます。

ポイント・工夫

すべてを同じペースでする必要はない

たし算、ひき算、３つの計算、くり上がり、くり下がり、これらを同じペースで進める必要はありません。クラスの実態に応じて必要なところに重点的にとりくむようにした方が成果が出ます。

マス計算も、この時期ならばできるクラスも多いでしょう。10マス、20マスなど絶対に無理のないところから始めていきます。

● まとめや次への見通し

①２月だけに限定せず、１月から少しずつ始めて、３月いっぱいまでとりくむというやり方でもよいでしょう。

②上の学年では、くり上がり、くり下がりの計算習熟が不十分なため、けた数の多い筆算などで困る子がいるのが一般的です。

1年生の計算をカンペキ！にして2年生へ

① 1年生の計算はすべての計算問題の基礎

1年生の計算を甘くみてはいけない！　2年生になると…

「これはくり上がりか…」

② 3月スタートは遅すぎる

「来年の入学式の飾りをつくらなきゃ」

「今日は、六年生とお別れの会だ」

③ やる時間を設定してしまう

「算数係さんは、ここにあるプリントを
算数の時間の前に配っておいてください」

「しまった！復習をするんだった」

（教師が放課後になって、算数の時間
に復習をすることを忘れていたことに気づく）

作文７◎１年間の作文をふり返る

作文を書いているときに、「むずかしいな」「うまく書けなかったな」などと感じていた作品も１年分まとめて見直すと、「いっぱい書いたんだ」「上手に書けるようになったな」などと、子ども自身も感じるでしょう。１年間の作文をふり返る時間を取りたいものです。

すすめ方

３月にはふり返る時間を取る

○自分で綴じる

１年生にとっては、ファイルに綴ることも一仕事です。最初の作文を書いたときに、時間をとって、向きやフックの抑え方などを確認しておきます。

○夏休みには持ち帰らせる

途中で保護者にも見てもらうことで、子どもの励みにもなります。ファイルから抜かない、２学期になったら学校に持ってくるなどを、学級通信であらかじめ連絡しておきます。

○友だちの作品を読む

自分の作品を読み直すだけでも価値のある時間となります。ただ、友だちの作品も読む時間をつくることで、いっそう楽しい時間となるはずです。まず全員が自分の机の上にファイルを出し、席を立ちます。そして「他の子の作文読んでいきましょう」と指示を出せば、子どもたちは次々に友だちの作文を読んでいくでしょう。

ポイント・工夫

自分のファイルを大切にする気持ちを育てる

ファイルの表紙に自分の名前をフェルトペンなどでていねいに書かせたり、表に色鉛筆で好きな絵を描かせることで、愛着がわいてきます。くれぐれも、書く向きをまちがえたり、雑に描くことのないように指導します。

まとめや次への見通し

①３月になってからまとめて綴るとたいへんな作業になってしまいます。作文は１枚書くごとに評価して返却し、その場で綴じさせるのが理想です。

「いっぱい書いたんだ」「上手にかけるようになったな」

5月　初めて作文を書いたとき

自分で綴じる練習

⚠綴じる向きに注意

パンチも練習

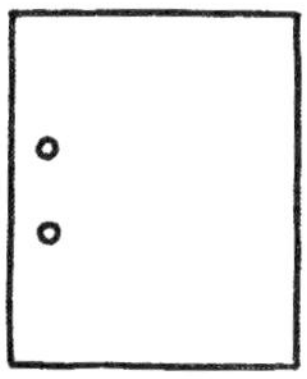

最初に教師が穴を空けておく

折り目を入れて真ん中の目印を作る

キッと手ごたえがあるところまで紙をパンチに入れる

- 慣れてきたら、穴の位置の確かめ方、力の入れ具合なども教えてから、子どもにやらせてもよい

7月（夏休み）　保護者に見てもらう

お願い
- ファイルから作品を抜かないでください
- ２学期に学校へご返却いただくので、大切に保管しておいてください（返却日はあらためて連絡）

3月　ふり返る時間を

ひらがな　字形指導のポイント　（イラスト：竹内永理亜）

まん中より少し右で始まり、そのまま下で終わる。

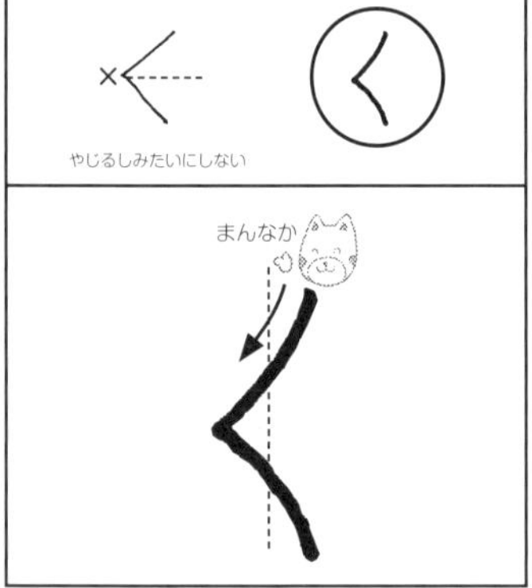
やじるしみたいにしない
まんなか

少し上がり気味に進み、まるく曲がる。まん中ではらう。

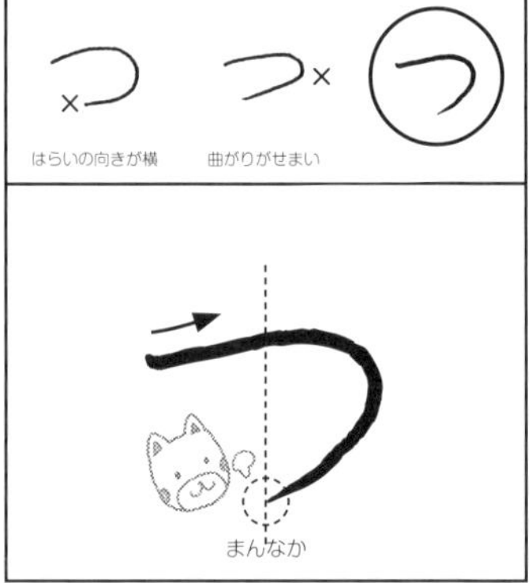
はらいの向きが横
曲がりがせまい
まんなか

まっすぐ下りて、まるく曲がる。ななめ上にはらう。

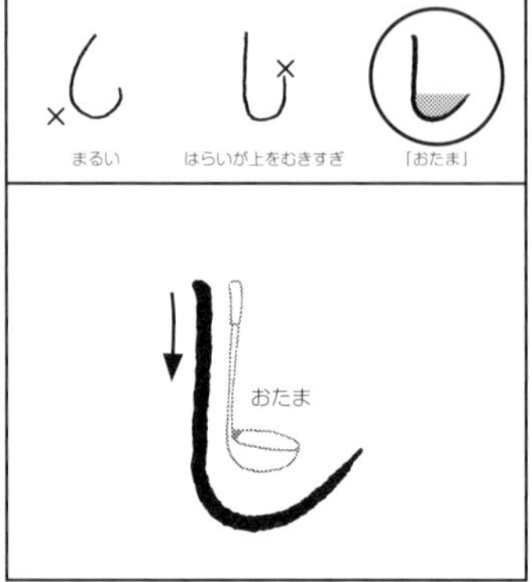
まるい
はらいが上をむきすぎ
「おたま」
おたま

２本の横線は、上が短く、間をせまく。

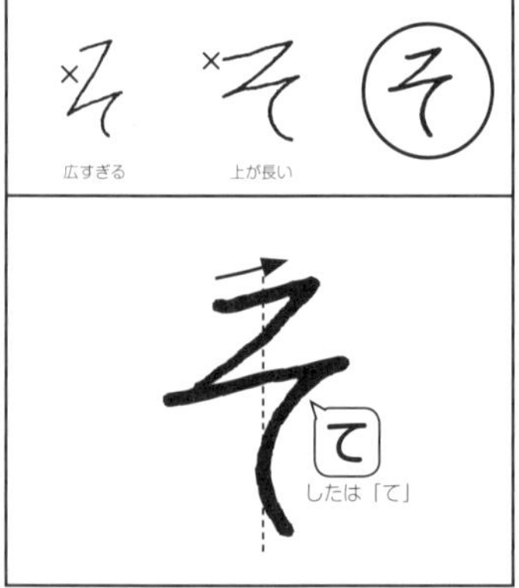
広すぎる
上が長い
て
したは「て」

やや右上がりに進み、まん中でもどる。

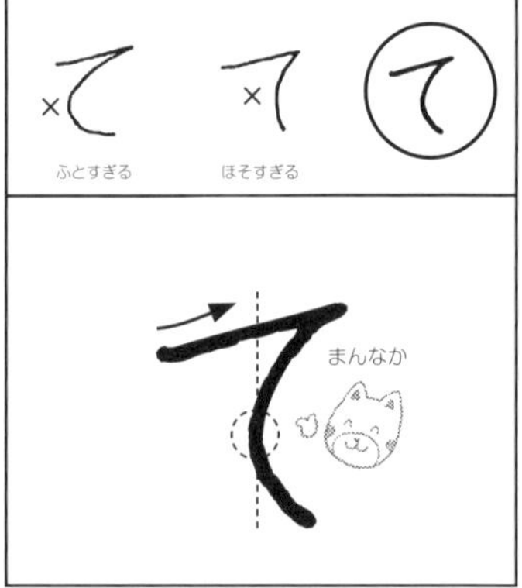
ふとすぎる
ほそすぎる
まんなか

折れは、まん中より左、角度を広く。

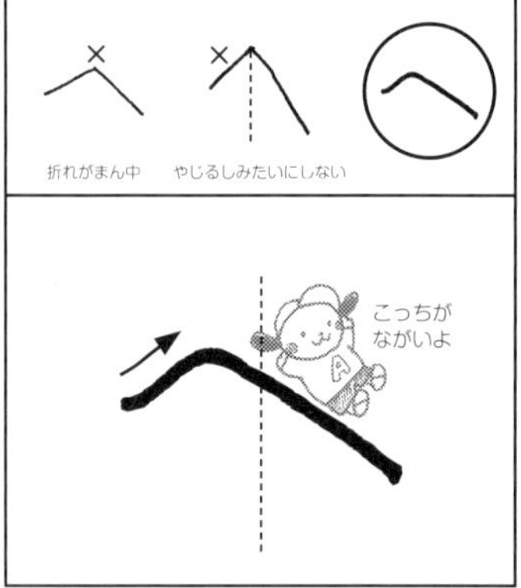
折れがまん中
やじるしみたいにしない
こっちが
ながいよ

横線を短く、下の部分は「つ」。

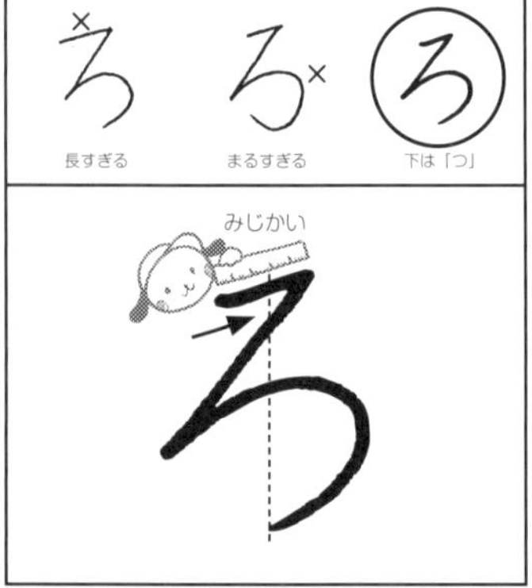
長すぎる
まるすぎる
下は「つ」
みじかい

まん中から始まり、ななめ下に進む。はらいは、ななめ上へ。

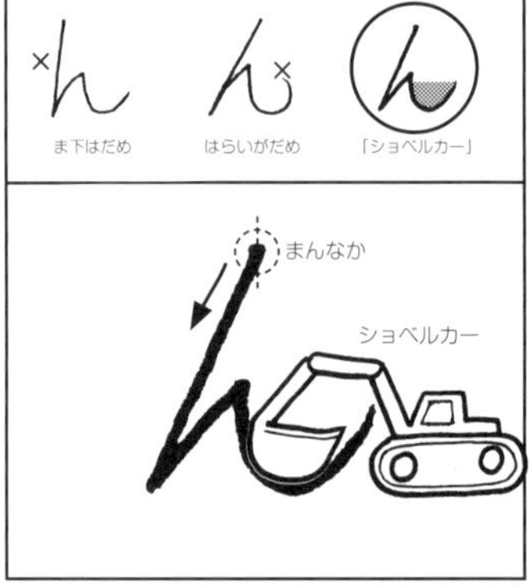
ま下はだめ
はらいがだめ
「ショベルカー」
まんなか
ショベルカー

まん中から始まり、ななめ下に進む。アは、折れ。

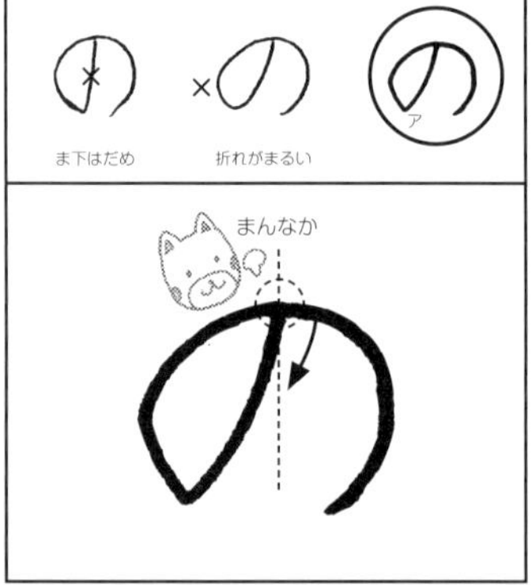
ま下はだめ
折れがまるい
ア
まんなか

くつしそてへろんのとひるうこいらちり

2画目は、1画目より下から始める。

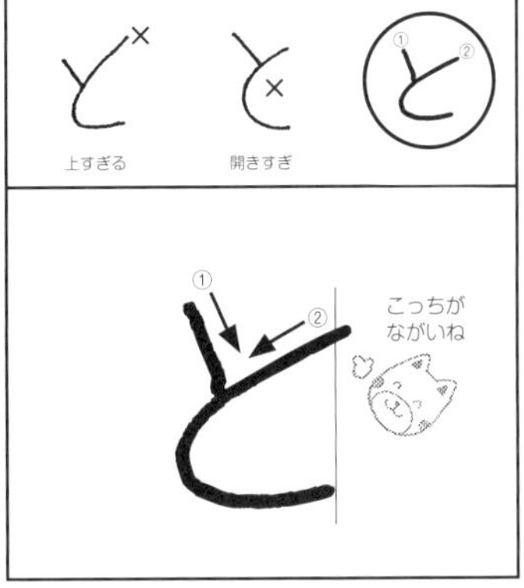
上すぎる
開きすぎ
こっちが
ながいね

イはアより、下。

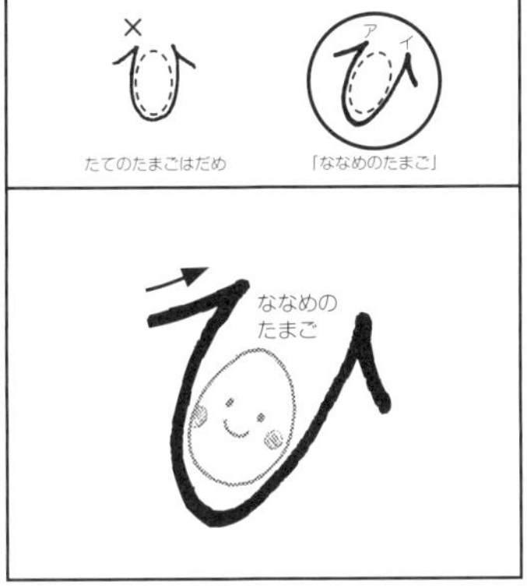
たてのたまごはだめ
「ななめのたまご」
ななめの
たまご

「ろ」と同じ。むすびはまん中で。

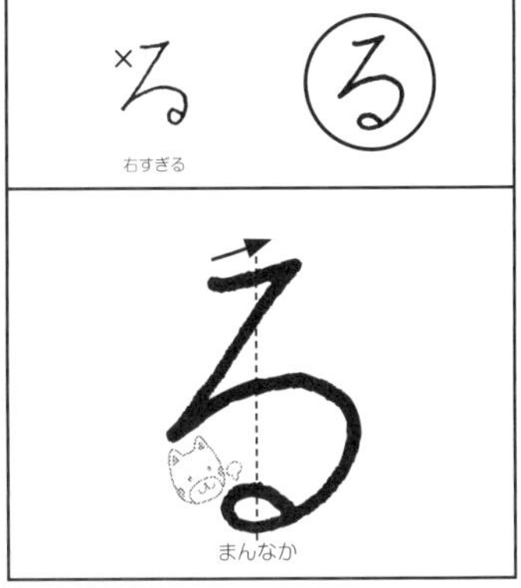
右すぎる
まんなか

1画目は、まん中に、ななめに。

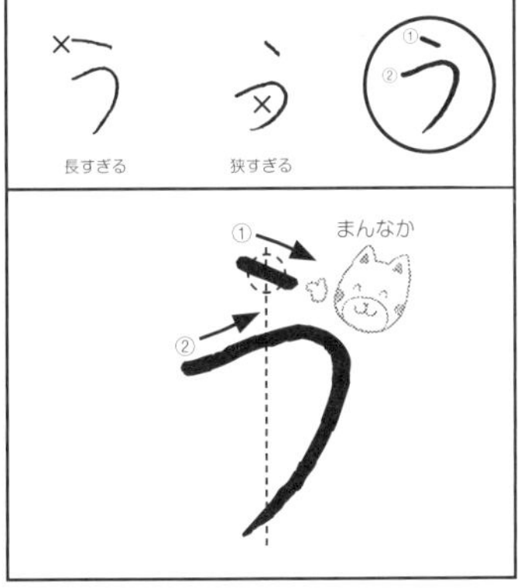
長すぎる
狭すぎる
まんなか

1，2画目ともななめに、まるく。

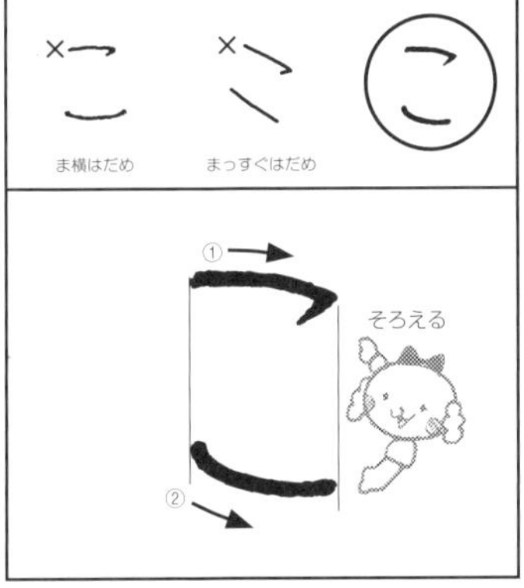
ま横はだめ
まっすぐはだめ
そろえる

1，2画目ともななめに進む。2画目の終わりは、1画目より上で。

たてはだめ
長すぎる
ななめだね

1画目は、まん中に、ななめに。下は「つ」。

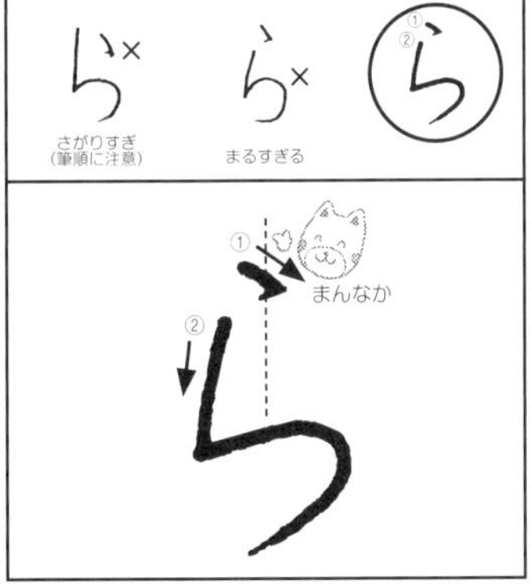
さがりすぎ
(筆順に注意)
まるすぎる
まんなか

2画目は、ややななめに。下は「つ」。

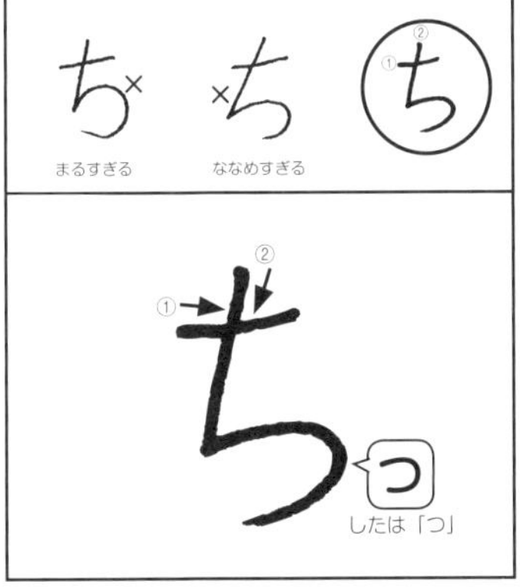
まるすぎる
ななめすぎる
つ
したは「つ」

1，2画目とも、ややふくらむ。

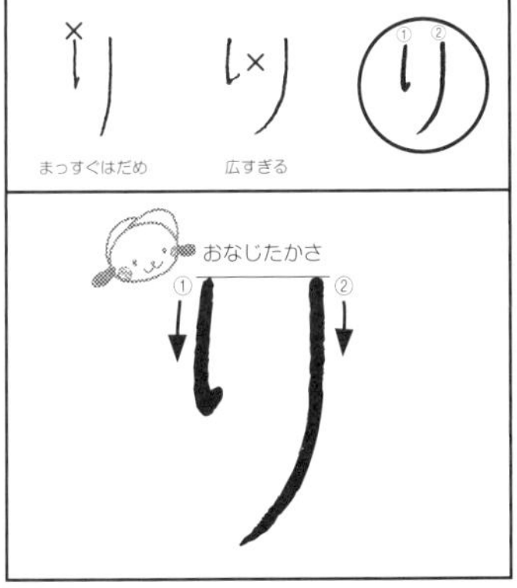
まっすぐはだめ
広すぎる
おなじたかさ

１画目、ややふくらむ。２，３画目、外に向けて開く。

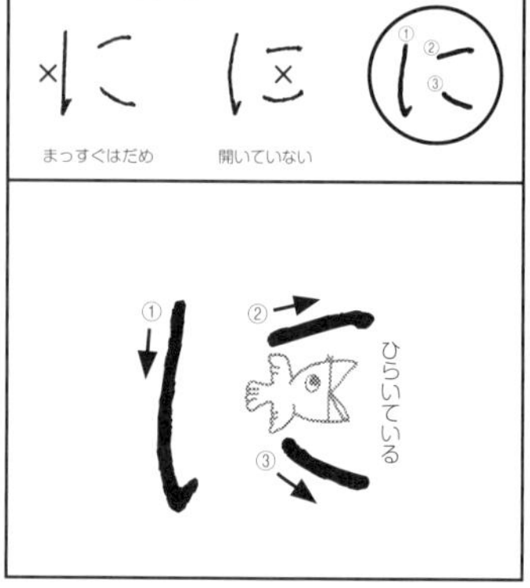
まっすぐはだめ
開いていない
ひらいている

アは、ななめに下りる。

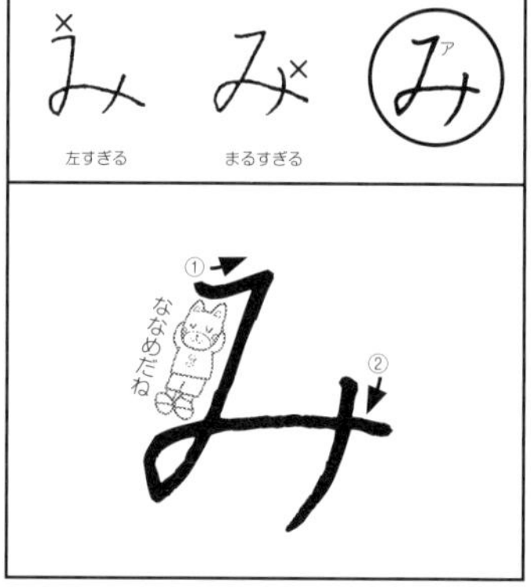
左すぎる
まるすぎる
ななめだね

アは、下まで下りた後、なぞりながら上がる。イは、まっすぐに下りる。

なぞっていない
まんなか

むすびは、まるにならない。

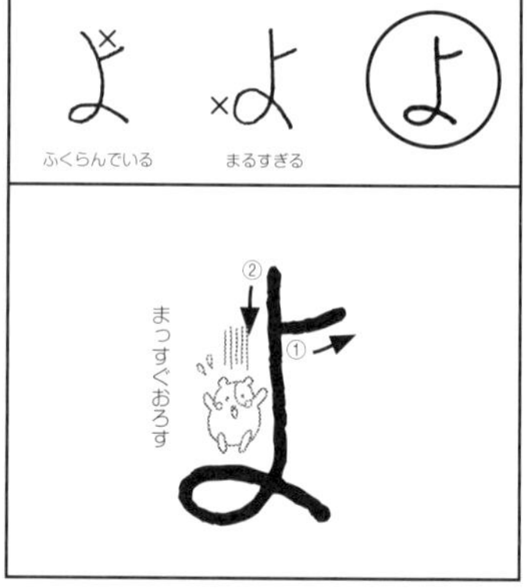
ふくらんでいる
まるすぎる
まっすぐおろす

２画目は、１画目より短い。むすびは、前へ進むさかなの形。

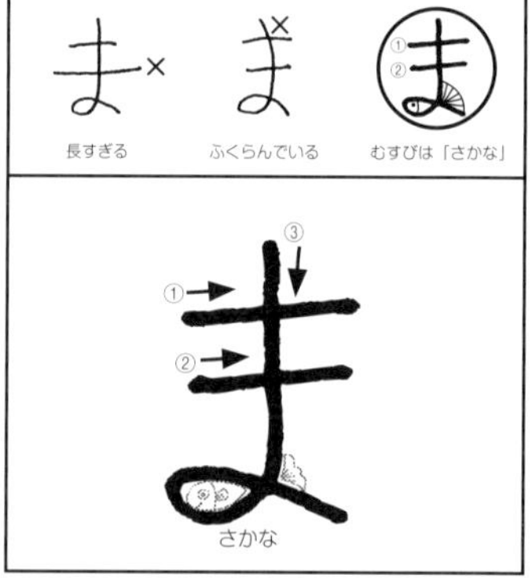
長すぎる
ふくらんでいる
むすびは「さかな」
さかな

はらいは、左に。

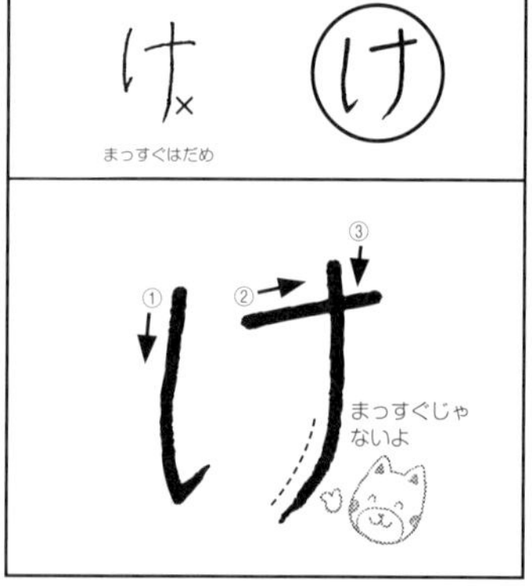
まっすぐはだめ
まっすぐじゃないよ

１，２画目は平行に。

まっすぐはだめ
ななめだね

２画目は、１画目とまん中で交差。

まっすぐはだめ
左によりすぎ
まんなか

むすびのとめは、上がりすぎたり下がりすぎたりしない。

短い
むすびが下がりすぎ
むすびが上がりすぎ
よこぼう 2ほん
おなじ ながさ
さかな

にみえよまけきさほはわめあねぬれせやお

イは、アよりやや下。

左によりすぎ
下すぎる
こっちに
つきでる

2画目は1画目より上から。

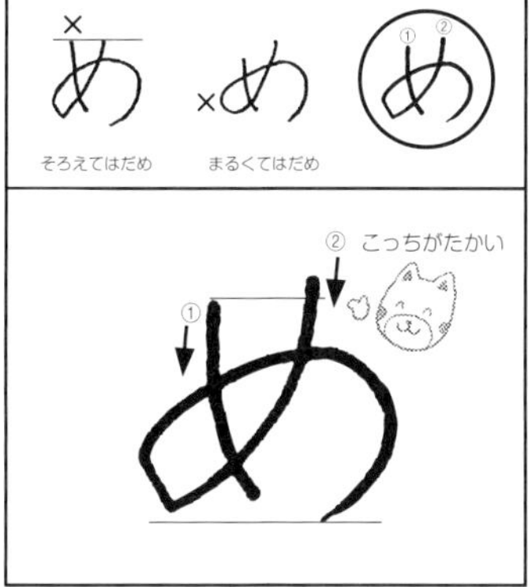
そろえてはだめ
まるくてはだめ
こっちがたかい

たて線は、ややふくらむ。アは、ななめに折れる。

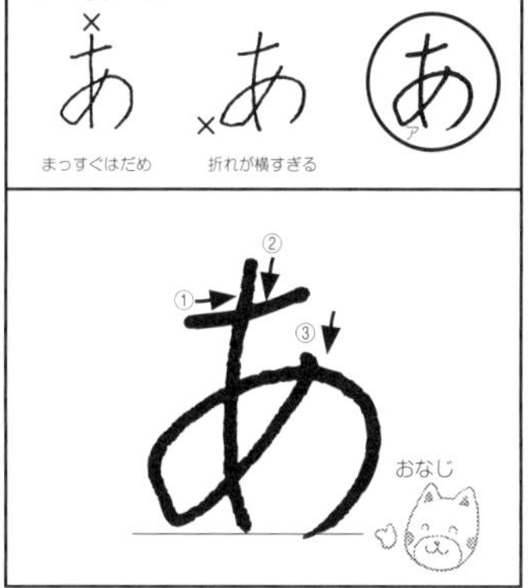
まっすぐはだめ
折れが横すぎる
おなじ

アは、まっすぐ下りる。

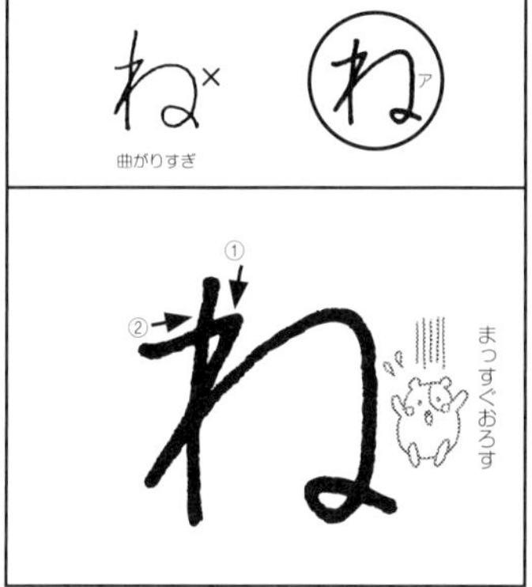
曲がりすぎ
まっすぐおろす

むすびが、まるにならない。

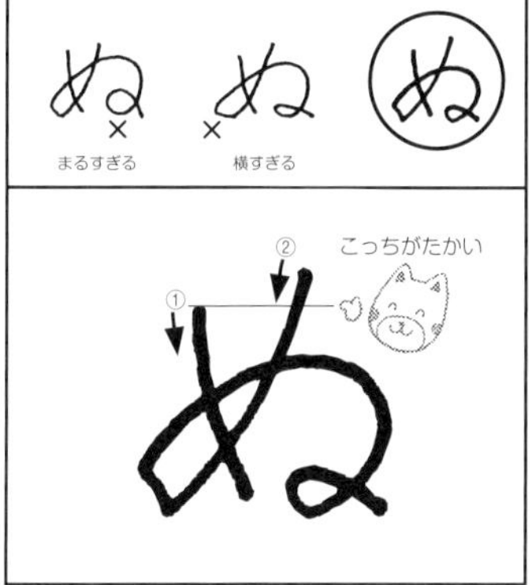
まるすぎる
横すぎる
こっちがたかい

イは、アよりやや上。

左によりすぎ
下すぎる
まっすぐおろす

1画目は、右ななめ上へ。3画目は、2画目より下から。

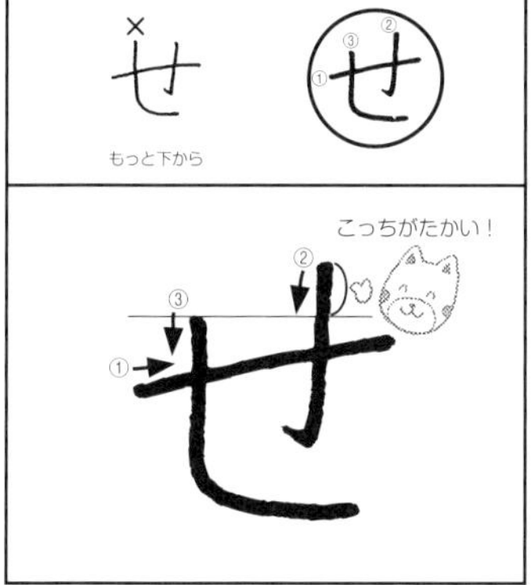
もっと下から
こっちがたかい！

3画目は、ななめ下へ。

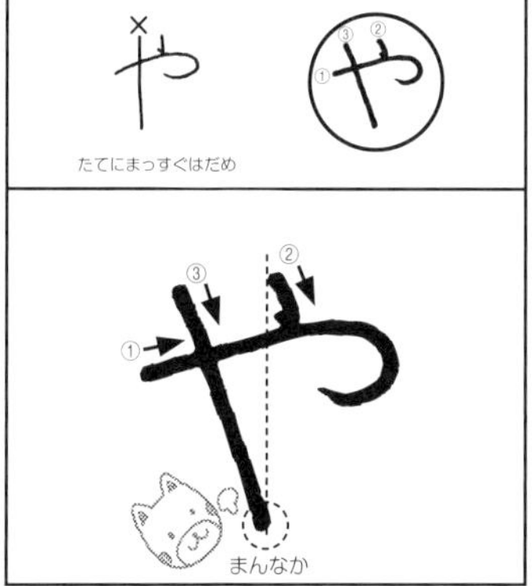
たてにまっすぐはだめ
まんなか

1画目、短く。2画目、中心より、左から始まる。

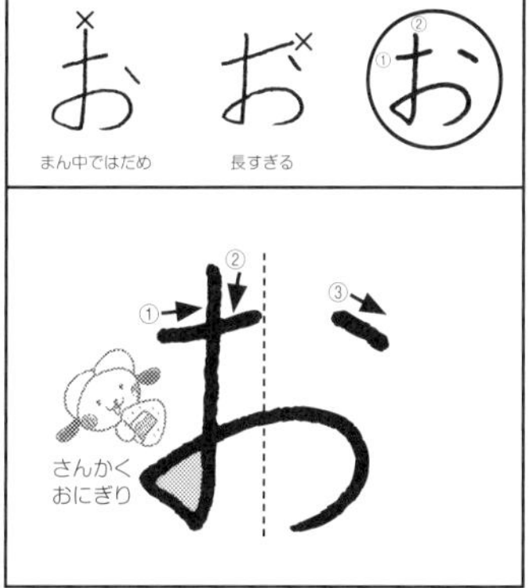
まん中ではだめ
長すぎる
さんかく
おにぎり

かたもすふゆをなむ

アは、まん中で曲がる。3画目は、ななめ下へ。

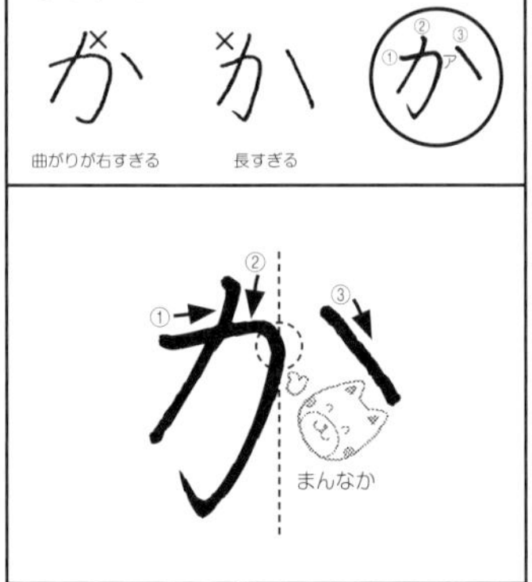

曲がりが右すぎる
長すぎる
まんなか

2画目、ななめ下へ。3，4画目は、外へ開く。

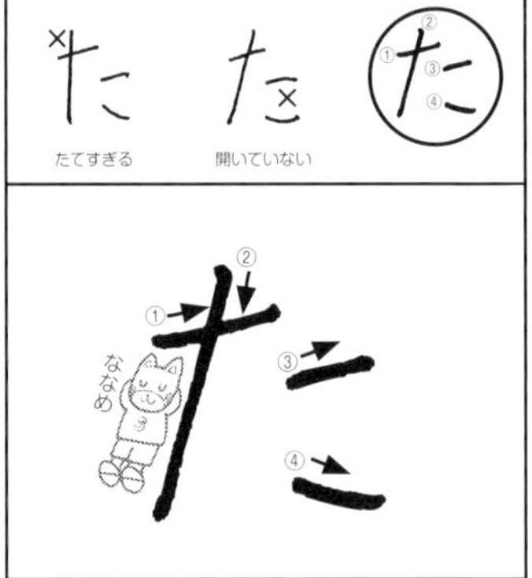

たてすぎる
開いていない
ななめ

1画目は、まん中から始まる。

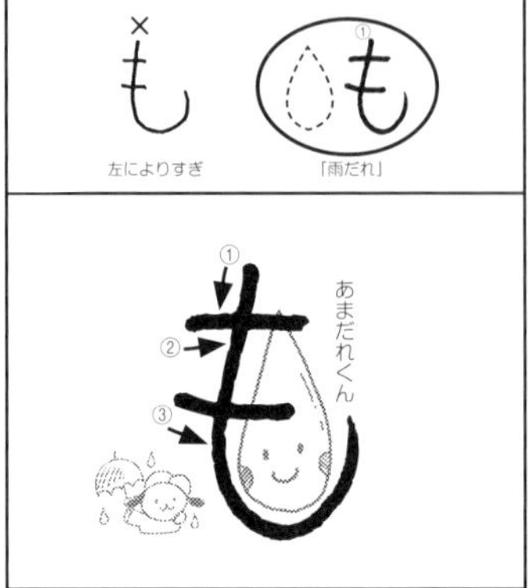

左によりすぎ
「雨だれ」
あまだれくん

2画目は、中心より右から始まる。

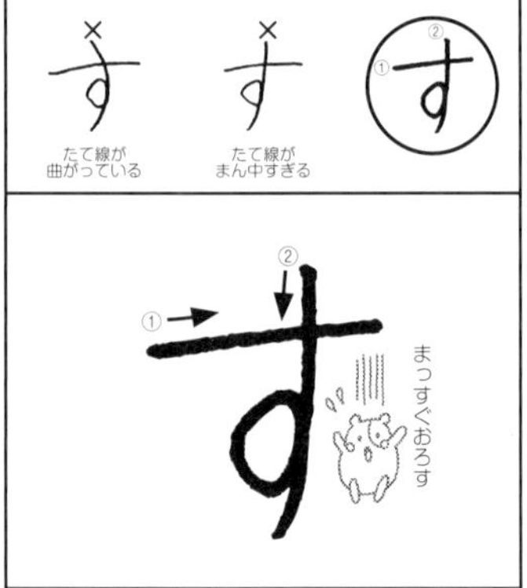

たて線が曲がっている
たて線がまん中すぎる
まっすぐおろす

1画目は、まん中に、ななめに。3画目は、ななめ右下へ。

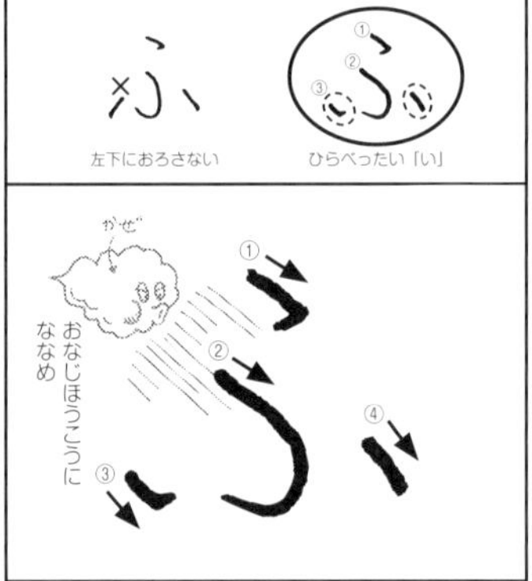

左下におろさない
ひらべったい「い」
かぜ
おなじほうこうにななめ

アとイは、同じ高さ。

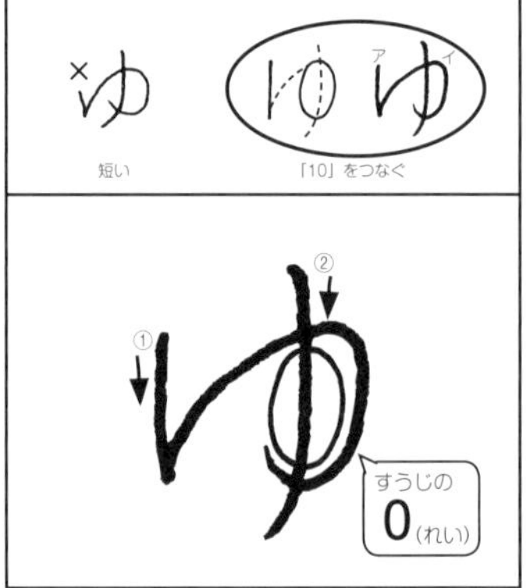

短い
「10」をつなぐ
すうじの
0(れい)

アの折れの後、横に出て、ま下へ。

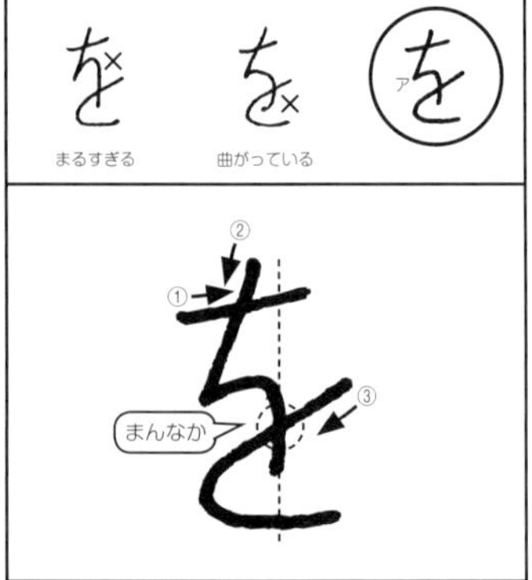

まるすぎる
曲がっている
まんなか

2画目、3画目、ななめ下へ。

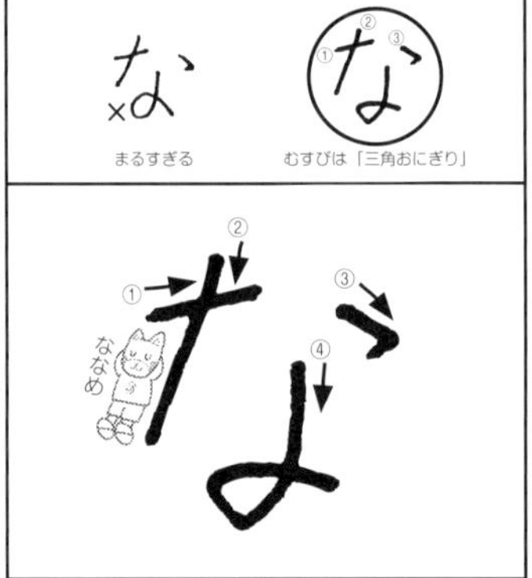

まるすぎる
むすびは「三角おにぎり」
ななめ

むすびを下で作る。

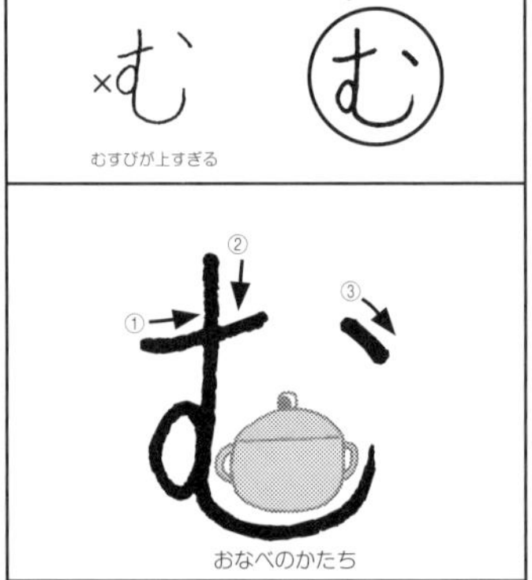

むすびが上すぎる
おなべのかたち

てんむすび（１）　　　　名＿＿＿＿＿＿＿＿＿＿＿＿

同《おな》じようにかく。

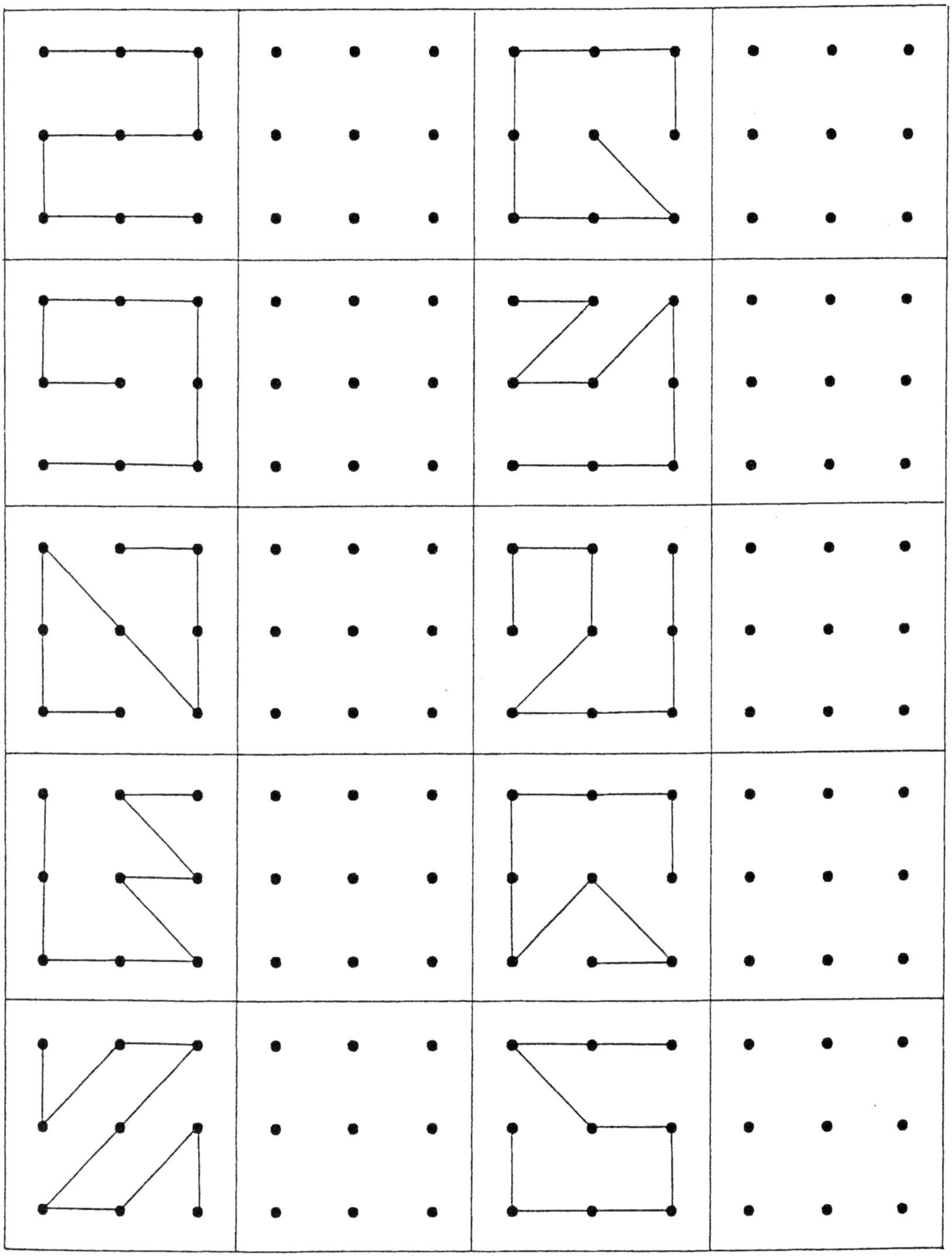

いち年のかん字①

がつ　にち（　　）

せんを ひいた ふとい 字の ところを、かん字に なおしましょう。

1 ひとつ	11 おおきい	21 てんに とどく	31 まいにち
2 ふたつ	12 いぬ	22 みる	32 かわを 渡《わた》る
3 みっつ	13 じどうしゃ	23 やま	33 たけ
4 よっつ	14 ひと	24 みず	34 きを うえる
5 いつつ	15 こども	25 あめ	35 はやし
6 むっつ	16 そら	26 うえ	36 もり
7 ななつ	17 みぎ	27 した	37 はな
8 やっつ	18 おとこ	28 つき	38 がっこう
9 ここのつ	19 おんな	29 たんぼ	39 がっこう
10 とお	20 て	30 つち	40 ちいさい

てんすう　　てん

一ねんのかんじ②

がつ　　にち（　　　）

せんを ひいた ふとい じの ところを、かんじに なおしましょう。

1	なか	11	おかね	21	ゆうがた	31	かいがら
2	ただしい	12	さくぶん	22	あか	32	はいる
3	じをかく	13	一《いち》ねんせい	23	みみ	33	いし
4	ほん	14	せんせい	24	おうさま	34	あし
5	はやく おきる	15	せんせい	25	くち	35	ちから
6	めだま	16	まち	26	ろうかに たつ	36	いと
7	めだま	17	なまえ	27	くさ	37	きがつく
8	ひを つける	18	ひゃく人《にん》	28	ひだり	38	でる
9	やすむ	19	せんえん	29	しろ	39	むら
10	むしかご	20	せんえん	30	あお	40	おと

てんすう　　　てん

1年　けいさん　ふくしゅう	名まえ	てん

けいさんを　しましょう。

① 3＋1＝

② 5－4＝

③ 2＋3＝

④ 7－3＝

⑤ 2＋7＝

⑥ 9－2＝

⑦ 4＋3＝

⑧ 8－6＝

⑨ 8＋2＝

⑩ 10－5＝

⑪ 6＋7＝

⑫ 15－7＝

⑬ 4＋8＝

⑭ 13－7＝

⑮ 9＋9＝

⑯ 16－7＝

⑰ 6＋4＋8＝

⑱ 10－4＋3＝

⑲ 60＋2＝

⑳ 90－20＝

1年　けいさん　ふくしゅう	名まえ	てん

けいさんを　しましょう。

① $4-3=$　　⑪ $13-8=$

② $2+1=$　　⑫ $5+8=$

③ $8-4=$　　⑬ $15-9=$

④ $3+2=$　　⑭ $3+9=$

⑤ $7-3=$　　⑮ $17-8=$

⑥ $4+5=$　　⑯ $8+9=$

⑦ $9-7=$　　⑰ $10-7+4=$

⑧ $5+2=$　　⑱ $3+7+6=$

⑨ $10-3=$　　⑲ $70-30=$

⑩ $6+4=$　　⑳ $40+9=$

著者紹介

岡　篤（おか　あつし）

兵庫県公立小学校教諭

第1回白川静教育賞最優秀賞受賞

『だれでもできる基礎基本の授業　国語５年』（フォーラム・A、共著）

『字源さかのぼりくり返しの漢字指導』（ひまわり社）

『教室俳句で言語活動を活性化する』（明治図書）

学力の基礎をきたえどの子も伸ばす研究会常任委員

学力の基礎をきたえどの子も伸ばす研究会（＝学力研）

1985年岸本裕史代表委員を中心に「学力の基礎をきたえ落ちこぼれをなくす研究会（＝落ち研）」として発足、2001年に現名称に改称。

発足以来、すべての子どもに「読み書き計算」を中軸とした確かな学力をつける実践の研究と普及にとりくんできた。近年、子どもと保護者の信頼をつかむ授業づくりや学級づくりの研究も進めてきている。

常任委員長　深沢英雄

事務局　〒675－0032　兵庫県加古川市加古川町備後178-1-2-102　岸本ひとみ方
FAX　0794－26－5133

全国に広がる学力研｜検索

図解　授業・学級経営に成功する
１年生の基礎学力ー無理なくできる12か月プラン

2015年４月20日　初版　第１刷発行

監修者　学力の基礎をきたえどの子も伸ばす研究会
著　者　岡　篤　ⓒ
発行者　面屋　龍延
発行所　フォーラム･A

〒530-0056　大阪市北区兎我野町15-13
電話　(06)6365-5606
FAX　(06)6365-5607
http://foruma.co.jp/
振替　00970-3-127184

制作編集担当･矢田智子

カバーデザインークリエイティブ･コンセプト／イラストー町田里美
印刷ー(株)関西共同印刷所／製本ー立花製本
ISBN978-4-89428-835-5　C0037